Le petit livre des
ROIS DE FRANCE

Le petit livre des

ROIS DE FRANCE

Guillaume Picon
Katia Boudoyan

ÉDITIONS FRANCE LOISIRS

AVERTISSEMENT

Les dates de règnes qui figurent sur les illustrations sont parfois différentes des dates données dans les textes, notamment pour les premiers rois. La recherche historique a évolué : les auteurs donnent ici les dernières dates attestées par les historiens.

SOMMAIRE

« Mérovée passait parmi les Francs pour être le fruit merveilleux du commerce secret de l'épouse de Clodion et d'un monstre marin. »
Chateaubriand, *Les Martyrs*, 1809.

Il était une fois la « chromo »...

À la fin du XVIIIe siècle, dans une Europe des Lumières secouée par la Révolution française, l'Allemand Alois Senefelder invente un procédé d'impression en noir, la lithographie. L'invention connaît un franc succès et fait des émules. Godefroi Engelmann met au point en 1837 la lithographie en couleurs ou chromolithographie. Le procédé suscite l'intérêt des firmes industrielles, grands magasins, enseignes et autres commerçants, avides de supports imprimés en couleurs incitant à l'achat de leurs produits. L'époque est aux premiers pas de la réclame – ce n'est qu'au début du siècle suivant qu'on parlera de publicité. La chromolithographie, bientôt raccourcie en « chromo », apparaît comme le support idéal. Liebig, le Bon Marché et les Chocolats Suchard vont s'en emparer. Les cartes-réclames envahissent le quotidien des enfants et des adultes. Le principe est simple : pour chaque tablette de chocolat, conserve ou ruban acheté, une carte-réclame est offerte. Les cartes forment des séries. Qui multiplie les achats peut compléter la série qui l'intéresse. Châteaux de la Loire, Faune, Flore, Expéditions polaires, Saints et saintes, Hommes célèbres... La multiplication de séries imprimées à plusieurs dizaines et parfois centaines de milliers d'exemplaires peut commencer !

Des rois mis en couleurs

Les « chromos » illustrant cet ouvrage sont issues d'une série sur les Rois et souverains de France datant de la seconde moitié du XIXe siècle. La série commence avec Pharamond, « premier roi des Francs », qui aurait régné dans les années 420-430, pour finir avec Napoléon III, empereur des Français de 1852 à 1870. De Pharamond à Napoléon III, des Mérovingiens aux Bonaparte en passant par les Carolingiens, les Capétiens, les Valois et les Bourbons, ce sont près de quatre-vingts souverains qui se sont succédé sur ce que l'on a appelé rétrospectivement le trône de France. Est-il besoin de préciser que la « nation France » n'existe pas en tant que telle aux temps mérovingiens et carolingiens, et qu'elle émerge à peine avec les premiers Capétiens ?

Entre les précis d'histoire de France publiés sous la monarchie de Juillet et les manuels scolaires destinés aux élèves de l'école communale de la IIIe République, ces cartes-réclames nous permettent de saisir tout un pan de la culture populaire de la seconde moitié du XIXe siècle. Outre les « chromos », ce livre présente des « images dynastiques », lithographies en couleurs réalisées vers 1860 d'après des dessins d'Eugène Lejeune et largement diffusées. Là encore, ces images nous plongent au cœur de la fabrique d'une histoire populaire.

D'une « chromo » à l'autre : quelle histoire des rois de France ?

Thierry III, premier des « rois fainéants », dans un char tiré par des bœufs ; Louis XIV à Versailles entouré de courtisans... La liste est longue, et chaque « chromo » mériterait un commentaire, qu'elle reproduise un cliché encore présent dans l'esprit de bon nombre de nos concitoyens – saint Louis et son chêne, Louis XIII et Richelieu –, ou qu'elle illustre un événement qui appelle un éclaircissement. Qui se souvient aujourd'hui que Philippe IV le Bel a ordonné que soit brûlée la bulle du pape Boniface VIII, ou que son fils Louis X le Hutin aurait rendu la liberté aux serfs ? Il est vrai qu'entre-temps Maurice Druon et son roman *Les Rois maudits* ont forgé des derniers Capétiens une image qu'il ne serait pas inutile de revisiter...

Loin d'être une somme de vignettes surannées sur les rois de France, ces « chromos » sont une invitation à redécouvrir ces rois qui ont traversé les siècles : les Mérovingiens, pour ne prendre qu'eux, ne laissent pas d'étonner. Sans doute parce que clichés et histoire, raison et sensibilité y coexistent avec intelligence. Tant qu'il n'est pas devenu ce roi fainéant instrumentalisé par les Carolingiens pour discréditer l'ancienne dynastie, le roi mérovingien apparaît comme le guerrier franc à la mode d'Épinal : avec ses moustaches tombantes et sa chevelure léonine, il porte fièrement une hache à double tranchant, la francisque. Si la chevelure faisait partie du charisme lié à la royauté franque, l'archéologie nous apprend que la fameuse hache n'a jamais eu qu'un seul tranchant. Peu importe. La séquence mérovingienne pose une autre question, celle de la place des femmes dans une histoire de la royauté. Les reines mérovingiennes sont surreprésentées par rapport aux autres reines. Childéric est en compagnie de Basine, mère de Clovis ; la reine Clotilde, qui a joué un rôle déterminant dans la conversion de Clovis, est à ses côtés lors de son baptême ; Clotaire III exile sa mère, la reine Bathilde… etc. D'emblée, les femmes ont investi la scène politique des temps mérovingiens. Un exemple parmi d'autres de l'intérêt de découvrir aujourd'hui cette série de « chromos » superbement XIXe. Surtout, ne nous hâtons pas de les juger kitsch ou dépassées !

Le lecteur l'aura compris : le but de ce livre n'est pas d'expliquer chaque « chromo ». Il ne s'agit pas non plus d'évaluer les choix faits il y a plus d'un siècle. Mais de proposer, en regard de chaque « chromo », un petit texte apportant au lecteur curieux un éclairage actuel sur les rois de France. Par chance, leur histoire est aujourd'hui à peu près connue. En revanche, celle des « chromos » publicitaires qui ont touché un immense public reste à écrire…

G. P.

LES MÉROVINGIENS
de 420 à 558

De gauche à droite, Pharamond, Clodion, Mérovée, qui a donné son nom à la dynastie, Childéric Ier à côté de son épouse Basine, Clovis et Childebert Ier.

PHARAMOND

Roi légendaire

« Qui a été le premier roi des Francs ? » s'interroge l'historien et évêque Grégoire de Tours à la fin du VIe siècle. La documentation dont il dispose ne lui permet malheureusement pas d'apporter une réponse à cette question. Au début du VIIIe siècle, l'auteur anonyme du *Livre de l'histoire des Francs*, faisant fi des scrupules de l'historien, invente le personnage de Pharamond et le proclame « premier roi des Francs ». C'est donc au VIIIe siècle qu'est né ce roi des Francs Saliens – installés entre Arras et Cambrai – que les chroniques médiévales font mourir vers 430 ! Le procédé peut étonner ; il n'est pas neuf. Surtout, il obéit à une nécessité bien précise. Proche du pouvoir franc, plus précisément carolingien, l'auteur anonyme tient à porter très haut le prestige du peuple franc et de la royauté franque. Personnage mythique, Pharamond est déclaré père de Clodion et fils de Marcomer, lui-même fils du Troyen Priam, ce qui permet de lier les traditions franques et troyennes. Or quoi de plus prestigieux que des origines antiques et troyennes ? Rome elle-même n'a-t-elle pas été fondée par Énée fuyant Troie en flammes ? La postérité de Pharamond fut promise à un grand avenir. Un clerc de l'entourage de Charles V, roi de 1364 à 1380, cherchant à asseoir la légitimité de la jeune dynastie des Valois exhuma une vieille loi remontant aux Francs Saliens : la loi salique, qui interdit aux femmes de monter sur le trône de France. Bientôt, la paternité de cette loi fut attribuée à Pharamond.

1er Roi de France — PHARAMOND — Règne de 420 à 428

CLODION

Roi légendaire

Au même titre que son père Pharamond et son fils Mérovée, Clodion appartient au légendaire de la royauté française. Il n'empêche, la légende se construit à partir d'éléments issus de la réalité : les sources qui ont été conservées nous révèlent l'existence, dans le deuxième tiers du Ve siècle, d'un chef ou d'un roi franc nommé Clodion. À partir de sa forteresse de Dispargum, sans doute située entre Bruxelles et Louvain, le Clodion attesté par les sources envahit l'ancienne province romaine de Belgique Seconde. Il prend Cambrai, puis descend vers la Somme. Vers 448, il est battu par le Romain Aetius, maître de la milice des Gaules, dans la région d'Arras. S'ensuit l'abandon des cités d'Arras et de Cambrai. Pour autant, ce coup d'arrêt ne porte pas préjudice à l'expansion franque, qui se poursuit vers l'ouest et le sud. Par la suite, Clodion, qui a conservé la cité de Tournai, conclut un traité avec Aetius, signe de son intégration au monde gallo-romain. Peu après, honorant son engagement, il combat Attila, le chef des Huns, sous les ordres d'Aetius.

2e Roi de France — CLODION — Règne de 428 à 448

MÉROVÉE

Roi légendaire

Mérovée a donné son nom à la dynastie mérovingienne. Nul ne sait pourtant s'il a réellement existé. Certains historiens ont tenté d'en faire l'allié du Romain Aetius, maître de la milice des Gaules, contre les Huns d'Attila. Mais il s'agissait là d'extrapolations visant à donner plus de consistance à la dynastie. À la fin du VIe siècle, Grégoire de Tours, qui cherche à en faire un personnage historique, le considère même comme le père de Childéric Ier et le grand-père de Clovis. Un siècle plus tard, Frédégaire, auteur d'une chronique au VIIe siècle, attribue à Mérovée des origines troyennes, s'attachant ainsi à son tour à accroître le prestige du peuple franc. S'inspirant de légendes sans doute élaborées au VIe siècle, il enrichit en effet le mythe de ce roi en le dotant d'une origine surnaturelle : Mérovée serait né de l'union de l'épouse de Clodion avec un monstre marin, le Quinotaure, mi-homme, mi-taureau.

La figure de Mérovée est parvenue jusqu'à nous. Aussi, force est de constater que Frédégaire a atteint son objectif : doter la dynastie mérovingienne d'un grand ancêtre fondateur auquel les rois des Francs doivent leur charisme et leur nom.

3e Roi de France — MÉROVÉE — Régne de 448 a 458

CHILDÉRIC IER

Né au début du Ve siècle. Règne de v. 456 à v. 481

Childéric Ier est le premier roi mérovingien « historique ». Lorsqu'il entre en scène vers 456, il est un parmi d'autres de ces roitelets francs du nord et de l'est de la Gaule : il règne sur les Francs Saliens de la région de Tournai.
Fidèle à une tradition liant certains chefs barbares à l'Empire romain, Childéric se comporte en général mettant ses troupes au service de l'armée gallo-romaine. En 463, il combat victorieusement contre les Wisigoths près d'Orléans sous les ordres d'Aegidius, maître de la milice de Gaule, et participe à la libération d'Angers menacée par des marins saxons vers 470.
Plus tard, Childéric Ier, chassé de Gaule pour avoir tenté d'abuser de la fille d'Aegidius, trouve refuge à la cour du roi de Thuringe, Bisin. Quelques années plus tard, le voilà de retour en Gaule en compagnie de sa nouvelle épouse, Basine, qui n'est autre que... la femme de Bisin !
Childéric Ier meurt vers 481, cinq ans après la déposition du dernier empereur romain d'Occident, Romulus Augustule. Sa tombe, mise au jour en 1653 à Tournai, témoigne de sa puissance et de son intégration au monde romain.
Célébré par les légendes comme le plus vaillant guerrier de son temps, Childéric Ier laisse à son fils Clovis le titre de roi et un pouvoir en pleine ascension. C'est à ce dernier qu'il appartiendra de fonder le royaume franc et d'enraciner la dynastie mérovingienne.

4e Roi de France
CHILDÉRIC Ier
Règne de 458 à 481

CLOVIS IER

Né en 465. Règne de 481/2 à 511

Clovis succède très jeune à son père Childéric Ier : il n'a que quinze ou seize ans. Ce simple roitelet d'une tribu franque dont la capitale est Tournai réussit à étendre son pouvoir en quelques années grâce à ses talents militaires. Il agrandit son royaume sur le nord de la France, boute les Romains hors de Gaule en 486 et repousse les limites de son domaine à l'est en guerroyant, notamment contre les Alamans en 496 et les Wisigoths en 507. C'est d'ailleurs au cours de l'une de ces batailles victorieuses que se situe le célèbre épisode du vase de Soissons, s'achèvant par la décapitation de l'un de ses guerriers. Mais Clovis est surtout connu pour être le premier souverain chrétien d'Europe : marié à Clotilde, une princesse burgonde catholique, il est baptisé par l'évêque de Reims, futur saint Rémi, le jour de Noël entre 496 et 498, avec plusieurs centaines de ses soldats. Cette conversion, venant en remerciement de sa victoire contre les Alamans à Tolbiac (496), montre aussi qu'il avait compris l'intérêt qu'il y avait à s'allier à l'Église pour asseoir son autorité sur les autres peuples déjà christianisés, comme les Burgondes, les Vandales ou les Lombards. Clovis, qui a jeté les bases de la monarchie franque et promulgué la loi salique (établissant les règles d'héritage), choisit Paris comme capitale de son royaume. À sa mort en 511, son domaine s'étend de la Manche aux Pyrénées et du Rhin à l'Atlantique. Selon la coutume franque, celui-ci est partagé entre ses quatre fils.

5e Roi de France   CLOVIS Ier   Règne de 481 à 511

CHILDEBERT IER

Né v. 497. Règne de 511 à 558

À la mort de Clovis en 511, le royaume est, selon la coutume franque, partagé entre ses fils. Childebert Ier, né vers 497, reçoit l'ouest de la Francie, de la Somme à l'Armorique, avec le sud et l'ouest de l'Aquitaine. Paris est sa capitale. En 524, il ordonne l'exécution des fils de son frère Clodomir, qui vient de mourir, et se partage leur royaume avec Clotaire Ier, son autre frère.
Ces querelles fratricides n'empêchent pas l'expansion franque. En 521, Childebert prend les armes contre le roi des Wisigoths, Amalaric ; deux ans plus tard, il attaque le roi des Burgondes, Sigismond. Si la Septimanie wisigothique, au sud-ouest du royaume, lui résiste, il est victorieux contre les Wisigoths dans les Pyrénées vers 532/3. Par la suite, il porte ses efforts militaires en Provence, qu'il conquiert en 537. Lorsqu'il meurt en 558, sans postérité mâle, son royaume passe à son frère Clotaire Ier.

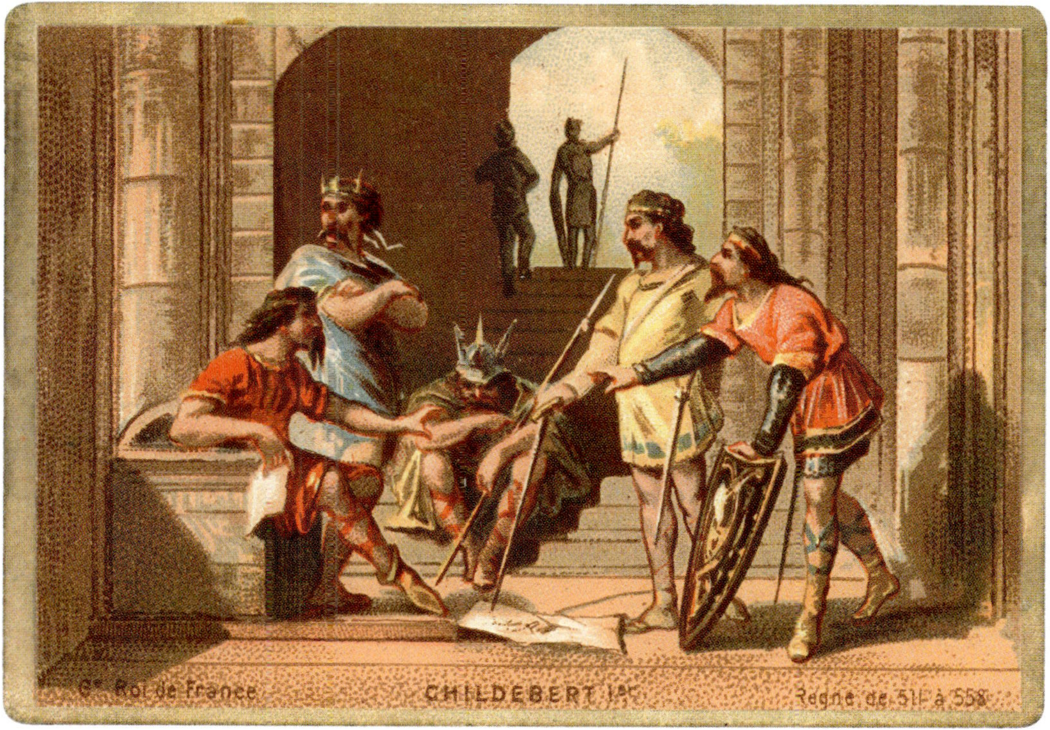
6e Roi de France
CHILDEBERT Ier
Règne de 511 à 558

LES MÉROVINGIENS
de 511 à 584

De gauche à droite, Clotaire Ier le Vieux et son épouse Radegonde, Caribert Ier et son épouse Ingelberge, Chilpéric Ier et son épouse Frédégonde.

CLOTAIRE Ier LE VIEUX

Né au début du VIe siècle. Règne de 511 à 561

À la mort de son père Clovis en 511, Clotaire Ier reçoit en héritage le nord de la Francie, avec les anciennes cités royales de Soissons et de Tournai. Il joue un rôle dans l'expansion mérovingienne qui marque la première moitié du VIe siècle : en 532, il s'empare avec son demi-frère Thierry du royaume des Thuringiens, à l'est du Rhin inférieur, et collabore, deux ans plus tard, avec Théodebert, le fils de Thierry, au dépeçage de la Bourgogne. En 538, Clotaire épouse de force Radegonde, princesse de Thuringe ; elle lui échappera toutefois en menant une vie de religieuse, au monastère qu'elle a fondé à Poitiers.

À la mort de son frère Childebert Ier en 558, Clotaire reconstitue le royaume de Clovis et devient le seul roi des Francs. Depuis le milieu des années 550, il doit pourtant faire face à des révoltes fomentées par son fils Chramm, qui tente d'instaurer à son bénéfice un royaume d'Aquitaine. En vain puisque Clotaire, las de telles manœuvres, le fait assassiner en 560.

En 561, Clotaire meurt à Compiègne et est enterré à Saint-Médard de Soissons. Il laisse quatre fils qui, naturellement, vont se partager le royaume. L'unité mérovingienne retrouvée n'aura duré que trois ans.

7e Roi de France — CLOTAIRE Ier — Règne de 558 à 561

CARIBERT IER

Né v. 520. Règne de 561 à 567

À la mort de son père Clotaire Ier en 561, Caribert Ier hérite, en tant qu'aîné, du royaume de Paris. Ses possessions vont bien au-delà du royaume de son grand-père Clovis en s'étendant sur l'ouest de la Gaule, de la Bresle, fleuve situé aux confins des actuelles Normandie et Picardie, aux Pyrénées. Hors Paris, elles comptent comme points d'ancrage les puissantes cités de Chartres, Tours et Poitiers. Côté vie publique, le prestige de Caribert n'a pas de bornes auprès de ses contemporains. Ainsi en 566, l'évêque de Poitiers Venance Fortunat prononce à Paris un poème à sa gloire, où il n'hésite pas à faire de ce roi mérovingien tantôt un « nouveau David », tantôt un « nouveau Trajan ». Côté vie privée, Caribert est d'abord marié à Ingelberge, qui lui donne une fille, Berthe, puis lui préfère deux servantes, Méroflède et Marcovèfe, qu'il épouse coup sur coup. Ce qui lui vaut d'être excommunié par Germain, évêque de Paris.

Caribert meurt en 567 sans héritier. Selon la coutume, son royaume est partagé entre ses trois frères, Gontran, Chilpéric et Sigebert. Cette tripartition perdurera jusqu'à la fin de la dynastie mérovingienne, partageant le royaume franc entre le royaume de l'Ouest ou Neustrie, celui de l'Est ou Austrasie et le royaume de Bourgogne.

8e Roi de France — CARIBERT — Regne de 561 a 567

CHILPÉRIC IER

Né v. 537. Règne de 561 à 584

À la mort de son père Clotaire Ier en 561, Chilpéric Ier, qui hérite de la Neustrie, s'estime lésé du partage du royaume paternel qui ne lui attribue aucune terre en Aquitaine. Cette frustration est à l'origine des guerres qui l'opposent à son frère Sigebert Ier, roi d'Austrasie.

Les tensions s'accroissent quand, en 566, Sigebert épouse Brunehaut, princesse richement dotée et fille du roi wisigoth d'Espagne Athanagild. La réaction de Chilpéric ne se fait pas attendre : il répudie son épouse Audovère et obtient en mariage la sœur de Brunehaut, Galeswinthe. L'affaire aurait pu en rester là. Mais, aiguillonné par sa concubine Frédégonde, qui ne supporte pas l'arrivée de la nouvelle reine, Chilpéric ordonne l'assassinat de Galeswinthe. Ce meurtre, perpétré vers 570, sonne le début de la vendetta fratricide, la *faide*, qui va miner le royaume des Francs jusqu'au début du siècle suivant. Ainsi, en 575, Chilpéric et Frédégonde commanditent-ils l'assassinat de Sigebert. La fin du règne se déroule sur fond d'alliances et de revirements entre Chilpéric, son frère Gontran, roi de Bourgogne, et Childebert II, le fils de Sigebert.

Grégoire de Tours, un de ses contemporains, a comparé le roi Chilpéric Ier à Néron et à Hérode, modèles de cruauté antique. Aussi la fin de ce prince, assassiné à coups de couteau par un inconnu alors qu'il rentrait d'une partie de chasse, paraît-elle à la mesure du personnage et de son règne.

9e Roi de France — CHILPÉRIC Ier — Règne de 567 à 584

LES MÉROVINGIENS
de 584 à 673

De gauche à droite, Clotaire II et son épouse Haldetrude, Dagobert Ier et son épouse Nanthilde, Clovis II et son épouse Bathilde, Clotaire III.

CLOTAIRE II LE JEUNE

Né en 584. Règne de 584 à 629

À la mort de son père Chilpéric Ier en 584, Clotaire II devient roi de Neustrie à l'âge de quatre mois. Sa mère Frédégonde, qui assure la régence, se bat contre sa belle-sœur Brunehaut, reine d'Austrasie, et perd son royaume. Plus tard, profitant de l'opposition de l'aristocratie austrasienne à leur reine, Clotaire reconquiert son royaume et envahit celui de sa rivale.

Il fallut vingt-neuf ans pour que Clotaire reforme le royaume de Clovis et devienne roi des Francs en 613. Habile politique, il conserve intacts les gouvernements de chacun des royaumes conquis (Austrasie et Bourgogne), avec leur maire du palais et leur administration. Cette reconstitution du royaume franc l'oblige à faire quelques concessions aux forces politiques locales, en ménageant notamment l'aristocratie. En 614, lors du concile de Paris, Clotaire cède une partie de son pouvoir aux évêques et aux maires du palais. Sept ans avant sa mort, il confie aussi l'Austrasie à l'autorité de son fils Dagobert, coutume qui deviendra courante par la suite.

Clotaire II le Jeune a réussi là où son grand-père Clotaire le Vieux avait échoué : il a rétabli l'unité franque. Mais il n'est pas parvenu à lutter contre l'affaiblissement de son pouvoir au profit des grands du royaume. Clotaire II le Jeune meurt en 629.

10e Roi de France — CLOTAIRE II — Règne de 584 à 628

DAGOBERT IER

Né v. 602/5. Règne de 629 à v. 639

Dagobert Ier est loin du portrait peu flatteur que lui réserve la chanson populaire le raillant : *Le Bon roi Dagobert*, écrite en 1787, était destinée à ridiculiser Louis XVI. En fait, il a été le plus grand roi de la dynastie mérovingienne. Déjà maître de l'Austrasie sous le règne de son père Clotaire II, il récupère, à la mort de celui-ci, en 629, la Neustrie et la Bourgogne. Tombe ensuite dans son escarcelle l'Aquitaine, à la disparition de son demi-frère Charibert, et il devient ainsi roi des Francs en 632. Formé aux affaires politiques par le puissant maire du palais Pépin de Landen, Dagobert, qui sait admirablement s'entourer, impose son autorité non seulement à l'intérieur de son royaume mais aussi à l'extérieur (sur les Slaves, les Wisigoths, les Gascons, les Bretons...). Pacifié, le pays connaît un véritable essor économique et commercial.
Installé à Paris et dans sa région, Dagobert entretient une cour nombreuse, prend conseil auprès des évêques Éloi ou Ouen, et forme au gouvernement de jeunes aristocrates qu'il envoie ensuite dans le pays, créant ainsi un véritable réseau de fidélités. Amateur d'art et très pieux, il encourage également la construction de nombreux centres religieux : il agrandit et embellit l'abbaye de Saint-Denis, qu'il choisit comme sépulture, inaugurant ainsi une tradition royale millénaire. Dagobert meurt en 639, laissant deux fils trop jeunes pour gouverner.

11e Roi de France
DAGOBERT Ier
Regne de 628 à 638

CLOVIS II

Né en 633. Règne de 639 à 657

Dagobert n'oubliera pas cette année 633 qui lui apporte Clovis, ce fils tant attendu. En pareille circonstance, donner à son héritier le nom du premier roi des Francs paraît de bon augure ! Afin de perpétuer son lignage, il orchestre un partage avant l'heure de son royaume : Clovis reçoit dès sa naissance la Neustrie et la Bourgogne.

Âgé de six ans à la mort de son père, Clovis règne sous la tutelle de sa mère Nanthilde puis d'Erchinoald, maire du palais de Neustrie. Vers 650, il épouse Bathilde, une esclave saxonne d'Erchinoald. Faut-il voir là de la part du maire du palais un calcul pour rabaisser la dynastie mérovingienne ? Toujours est-il que le règne de Clovis II correspond à un déclin rapide de l'autorité du prince au profit des aristocraties locales et des maires du palais.

Clovis meurt en 657, à l'âge de vingt-quatre ans. Selon un chroniqueur du VIIIe siècle, la compagnie des femmes, un appétit gargantuesque et l'alcool auraient joué leur rôle dans cette fin quelque peu précoce... Ce roi sur lequel on sait peu de choses a connu une postérité étonnante. Ronsard raconte dans sa *Franciade* que, Clovis II étant parti en croisade, ses deux fils se soulevèrent contre l'autorité paternelle. À son retour, le roi ordonna qu'on leur brûle les nerfs des jambes. Cruelle légende dont s'est inspiré Évariste-Vital Luminais pour son tableau *Les Énervés de Jumièges* (1880), où l'on voit les deux frères allongés dans une barque dérivant sur la Seine.

12e Roi de France
CLOVIS II
Regne de 638 a 658

CLOTAIRE III

Né v. 650. Règne de 657 à 673

À la mort de Clovis II en 657, la reine Bathilde, sa veuve, et les aristocrates de Neustrie et de Bourgogne choisissent son fils Clotaire comme seul et unique roi, au risque de susciter des luttes de pouvoir parmi les héritiers. Ce choix marque un tournant dans la succession des rois mérovingiens : le traditionnel partage du royaume du défunt entre ses fils n'est plus de mise.

Clotaire alors âgé de sept ans au moment de son couronnement, Bathilde exerce la régence. La reine s'entoure d'ecclésiastiques de haut rang, dont Ouen, évêque de Rouen, et Léger, futur évêque d'Autun. Elle fait d'Ébroïn le maire du palais du royaume de Neustrie-Bourgogne. C'est un des personnages majeurs de la seconde moitié du VIIe siècle mérovingien. Maire du palais pendant près de vingt ans, il suit avec constance la ligne politique qui est la sienne : renforcer l'autorité royale et rétablir l'unité du royaume franc.

Alors que Clotaire III vient d'atteindre sa majorité (664), un complot contre lui est découvert. Un des instigateurs n'est autre que Sigebrand, évêque de Paris nommé par Bathilde... Voilà qui suffit au jeune roi pour écarter sa mère du pouvoir et l'exiler au monastère de Chelles qu'elle a fondé en 658. En mai 673, Clotaire III meurt dans sa vingt-quatrième année. Il est enterré au monastère royal de Chelles.

13e Roi de France
CLOTAIRE III
Regne de 656 a 670

LES MÉROVINGIENS
de 662 à 711

De gauche à droite, Childéric II et son épouse Bilihilde, Thierry III et son épouse Clotilde, Clovis IV, Childebert III et son épouse Ermenchildis.

CHILDÉRIC II

Né v. 655/7. Règne de 662 à 675

En 662, Childéric, cadet du roi de Neustrie-Bourgogne Clotaire III, est placé par sa mère, la reine Bathilde, sur le trône, alors vacant, d'Austrasie. Quelques années auparavant en effet, le jeune Dagobert II, son cousin, en avait été écarté par Grimoald, maire du palais, et remplacé par le fils de ce dernier, Childebert... Mais le coup d'État, pourtant apparemment bien orchestré, avait fini par l'assassinat des deux usurpateurs. Conscient des tensions antifranques qui secouent la province de Bordeaux, le nouveau roi tente de réaffirmer son autorité. En vain, puisque le duc Loup d'Aquitaine ne tarde pas à entrer en rébellion ouverte contre le Mérovingien (671).

À la mort de son frère Clotaire III en 673, Childéric II reçoit la couronne de Neustrie et de Bourgogne que les grands de ce royaume avait refusée de donner à son frère Thierry III. Austrasie, Neustrie et Bourgogne : Childéric met en place l'unité du royaume franc. Pour deux ans seulement : en 675, il est assassiné dans une forêt près de Rouen à l'instigation d'aristocrates neustriens.

14e Roi de France
CHILDERIC II
Règne de 670 à 673

THIERRY III

Né v. 651. Règne de 673 à v. 690/4

À la mort de son frère Clotaire III, Thierry est installé sur le trône du royaume de Neustrie-Bourgogne par le maire du palais Ébroïn. Les grands du royaume qu'Ébroïn n'a pas pris soin de consulter refusent de reconnaître le nouveau roi. Rassemblés autour de Léger, évêque d'Autun, et de son frère Warin, évêque de Paris, ils proposent la couronne à son frère Childéric II, roi d'Austrasie. À la mort de ce dernier, deux ans plus tard en 675, Thierry III retrouve son trône, et Ébroïn sa charge de maire du palais de Neustrie.

Les années qui suivent sont marquées par la guerre entre la Neustrie et l'Austrasie. À y regarder de près, le conflit est plus l'affaire des maires du palais de l'un et de l'autre royaume que des rois mérovingiens. En la personne de Pépin de Herstal, maire du palais d'Austrasie, Ébroïn trouve son plus farouche adversaire. En 680, fort de la victoire d'Ébroïn sur Pépin de Herstal, Thierry ceint la couronne d'Austrasie. Mais, sept ans plus tard, à l'issue de la victoire de Tertry en Picardie, Pépin de Herstal, déjà à la tête de la mairie d'Austrasie, prend le contrôle de la mairie de Neustrie. Le titre de « duc des Francs » qui lui est bientôt conféré témoigne de sa puissance. Thierry III n'a alors plus de roi que le nom ; la réalité du pouvoir est passée du côté des maires du palais.

15e Roi de France
THIERRY III
Regne de 673 à 691

CLOVIS IV

Né v. 678. Règne de 691 à 695

Fils du roi de Neustrie-Bourgogne Thierry III, Clovis IV succède à son père en 691, sous l'autorité du tout puissant maire du palais d'Austrasie Pépin de Herstal. Depuis sa victoire sur les Neustriens à Tertry (687), celui-ci entend à la fois exercer le pouvoir et servir ses propres ambitions, qui passent par l'établissement d'une nouvelle dynastie, les Pippinides, ancêtres des Carolingiens.

À cette époque, le pouvoir n'est pas que politique ; il se double d'une forte composante religieuse. Pépin l'a bien compris qui soutient la mission de christianisation lancée par l'Anglo-Saxon Willibrord, apôtre de la Frise, dans les Pays-Bas actuels. En retour, fort de l'appui de l'Église de Rome et d'un réseau de fidèles, il prend le contrôle des monastères et des diocèses du royaume franc.

Clovis IV, à l'instar de son père Thierry III, fut victime de l'historiographie carolingienne. Dès le IXe siècle, dans l'entourage de Charlemagne, des clercs forgent la légende des « rois fainéants ». Éginhard, dans sa *Vie de Charlemagne* (v. 830), écrit pour l'année 751 que « la famille des Mérovingiens avait depuis longtemps perdu toute vigueur ». Si, à côté de la puissance montante des Pippinides, les derniers Mérovingiens paraissent bien falots, il convient de tenir compte des circonstances. Comment un pouvoir exercé par des rois jeunes qui se succèdent rapidement ne se serait-il pas affaibli ?

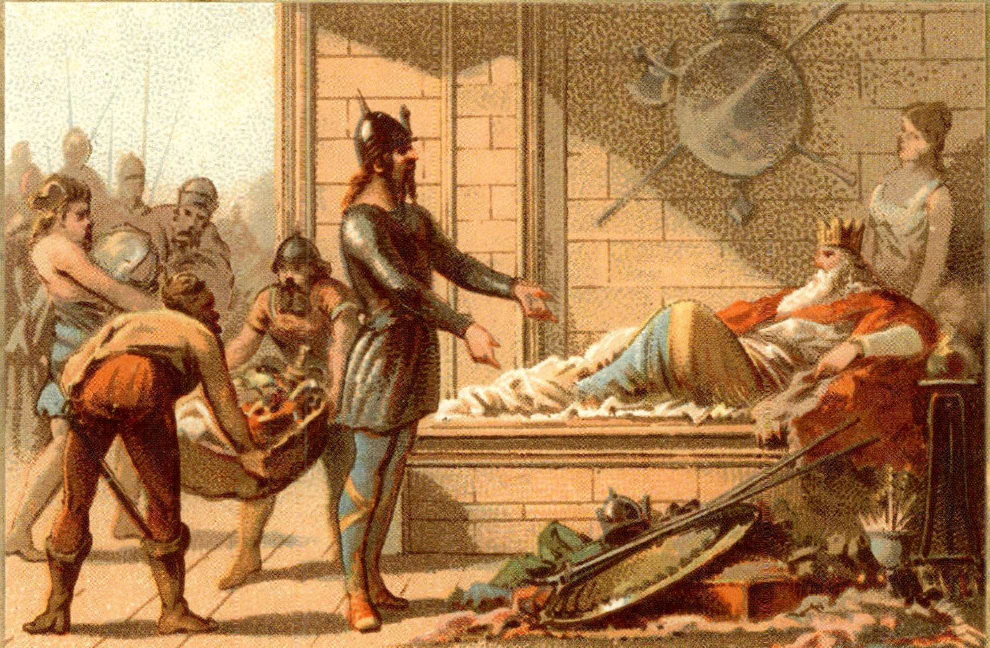

16e, Roi de France CLOVIS IV Règne de 691 à 695

CHILDEBERT III

Né dans le dernier tiers du VIIe siècle.
Règne de 695 à 711

Fils de Thierry III et frère de Clovis IV, Childebert III hérite, à la mort de son frère en 695, des trois royaumes de Neustrie, d'Austrasie et de Bourgogne. Son règne s'inscrit dans la stricte continuité de ceux de son père et de son frère : si les Mérovingiens sont toujours rois, la réalité du pouvoir est détenue par Pépin de Herstal, homme fort des aristocraties de Neustrie et d'Austrasie depuis sa victoire à la bataille de Tertry (en 687) sur les Neustriens. Fort de ce succès, ce dernier place un de ses fils à la tête de la mairie du palais d'Austrasie. Désormais, l'histoire des rois mérovingiens s'écrit à côté de celle des Pippinides, ancêtres de la dynastie carolingienne !

Le règne de Childebert III ne doit pas être pourtant relu à l'aune de la légende des « rois fainéants » forgée par les Carolingiens dans la seconde moitié du VIIIe siècle. Les derniers Mérovingiens n'ont pas été ces souverains fantoches dont la postérité, jusqu'au XXe siècle, s'est plu à colporter l'histoire. Le *Livre de l'Histoire des Francs* rapporte en effet qu'en 710, roi « célèbre et généreux », Childebert III présidait un tribunal qui condamna Grimoald II, qui n'était autre que le fils du puissant Pépin de Herstal, pour avoir perçu des revenus destinés à l'abbaye de Saint-Denis.

17e Roi de France — CHILDEBERT III — Règne de 695 à 711

LES MÉROVINGIENS
de 711 à 751

De gauche à droite, Dagobert III et son épouse Mathilde, Chilpéric II et son épouse – supposée – Gisalde, Thierry IV, Childéric III et son épouse Gisèle.

DAGOBERT III

Né v. 697/8. Règne de 711 à 715

Fils de Childebert III, Dagobert III succède à son père à la tête du royaume franc en 711. Le nouveau roi règne sous l'autorité du maire du palais Pépin de Herstal, chef des Pippinides et maître du monde mérovingien depuis le règne de Thierry III. Pendant le règne de Dagobert III, les Pippinides, famille originaire d'Austrasie, poursuivent leur irrésistible ascension à la tête du royaume de Neustrie-Bourgogne. Les Austrasiens occupent de hautes fonctions au sein de l'administration de Neustrie, au détriment des aristocraties locales. Grimoald II, fils de Pépin, reçoit le titre de comte de Paris et est associé à la charge de maire du palais d'Austrasie que détient son père en 711. Après l'assassinat de son fils Grimoald, Pépin fait de son petit-fils Theudoald le maire du palais de Dagobert III.

Pépin meurt en 714. L'unité du royaume franc paraît alors plus que jamais menacée, disparaissant au profit de principautés aux mains des aristocraties locales. La puissance de Pépin n'a pas pu endiguer l'émiettement du pouvoir à l'échelle locale. Les Pippinides qui, dix ans plus tôt, semblaient solidement enracinés dans le royaume franc, paraissent désormais bien fragiles. D'autant plus qu'ils commencent à se battre entre eux pour le contrôle des mairies d'Austrasie et de Neustrie. En 714, Plectrude, veuve de Pépin, évince Charles – fils que le roi a eu d'un autre lit, passé à la postérité sous le nom de Charles Martel – et fait main basse sur les trésors du palais.

18e Roi de France
DAGOBERT III
Règne de 711 à 716.

CLOTAIRE IV

Né v. 685. Règne de 718 à 719

L'arrivée sur le trône de Clotaire IV s'inscrit dans le contexte de la crise politique qui suit la mort, en 714, de Pépin de Herstal, maire du palais et faiseur des rois mérovingiens depuis Thierry III. Les descendants de Pépin, son petit-fils Theudoald et son fils d'un second lit Charles Martel, luttent pour les mairies de Neustrie et d'Austrasie. L'aristocratie de Neustrie, récalcitrante à l'idée de devoir céder le pas devant les Austrasiens, profite du conflit pour attaquer Theudoald. Ce dernier est défait dans la forêt de Cuise, près de Compiègne. Les Neustriens se hâtent de choisir un nouveau maire du palais, Rainfroi, qui est hostile au parti austrasien incarné par Charles Martel.

En 715, à la mort de Dagobert III, Chilpéric II, fils de Childéric II, hérite du royaume de Neustrie. L'année suivante, le Neustrien Rainfroi allié au duc des Frisons met en déroute les troupes de Charles Martel à Cologne. Suivent trois victoires de Charles Martel sur les armées neustriennes, qui lui permettent de rétablir la prééminence de l'Austrasie sur la Neustrie. En déroute, Rainfroi se réfugie auprès d'Eudes, duc et bientôt roi d'Aquitaine, emmenant avec lui Chilpéric II.

Charles Martel décide alors de s'adjoindre un roi mérovingien. Il choisit Clotaire IV, sans doute le fils de Childéric III. Même si Clotaire IV ne détient aucun pouvoir, la volonté de Charles Martel illustre combien la présence d'un roi de sang mérovingien est encore nécessaire. Il est encore un peu tôt pour la royauté carolingienne...

19e Roi de France CLOTAIRE IV Règne de 716 à 718

CHILPÉRIC II

Né v. 670. Règne de 715 à 721

Fils de Childéric II, Chilpéric survit au massacre de ses parents en 675 dans la forêt de Brotonne. Tonsuré, il est placé dans un monastère sous le nom de Daniel. Le maire du palais de Neustrie, Rainfroi, en quête d'un roi mérovingien pour asseoir son pouvoir, l'envoie chercher et le fait roi de Neustrie sous le nom de Chilpéric II. Contrairement à une légende lancée par les Carolingiens, les derniers Mérovingiens ne sont pas d'absolus rois fainéants. Ainsi un diplôme, où Chilpéric II autorise l'abbaye de Corbie à prélever des denrées exotiques dans les entrepôts royaux de Fos-sur-Mer, témoigne d'une activité réelle bien que plutôt limitée.

Toujours sous la coupe de Rainfroi, Chilpéric II se réfugie auprès d'Eudes en Aquitaine, après plusieurs défaites de son mentor contre son rival Charles Martel, maire d'Austrasie. Eudes, fait roi d'Aquitaine avec le soutien de Chilpéric, est bien décidé à réduire la puissance de Charles Martel. Mais, battu par ce dernier, il conclut finalement un traité de paix avec lui.

La fin du règne de Chilpéric est incertaine. Il est possible que, ayant réuni Austrasie et Neustrie, Charles Martel ait appelé à ses côtés Chilpéric II pour remplacer l'éphémère Clotaire IV.

20e. Roi de France CHILPERIC II Règne de 719 à 720

THIERRY IV

Né v. 712/5. Règne de 721 à 737

Thierry, fils de Dagobert III, a été élevé au monastère de Chelles. C'est là que Charles Martel, chef des Pippinides, l'envoie chercher quand, à la mort de Chilpéric II, il a besoin d'un roi mérovingien. Le jeune roi reste sous la tutelle de Charles Martel, et son règne voit l'affirmation de ce dernier comme prince pouvant concurrencer les rois mérovingiens. En 724, Charles Martel reçoit le titre de « prince » des Francs.

Charles Martel est amené à lutter sur plusieurs fronts. Rainfroi, l'ancien maire de Neustrie, qui est à la tête d'une petite principauté autour de la cité du Mans, reste une menace. De même qu'Eudes, le roi d'Aquitaine, contre lequel Charles Martel lance deux expéditions en 731. Mais le principal danger vient de l'Espagne arabo-berbère. À plusieurs reprises, des troupes maures ont franchi les Pyrénées pour s'enfoncer, certes sporadiquement mais fort avant, dans le royaume franc. Ainsi, la cité d'Autun a été pillée à deux reprises, en 725 et en 731. L'année suivante, Charles Martel arrête l'avancée des troupes d'Abd er-Rhâman au cours de la bataille de Poitiers.

Quand Thierry IV meurt en 737, la puissance militaire de Charles Martel est telle qu'il n'a plus besoin de gouverner au nom d'un roi mérovingien. Aussi se garde-t-il de donner un successeur à Thierry, sans pour autant briguer l'office royal.

21e Roi de France — THIERRY IV — Règne de 720 à 737

CHILDÉRIC III

Né v. 714. Règne de 743 à 751

La mort de Thierry IV en 737 est suivie d'une vacance du trône de plusieurs années. En 743, Carloman et Pépin, fils de l'homme fort du royaume franc Charles Martel, nomment Childéric III, fils de Chilpéric II, roi des Francs, alors qu'ils auraient pu, à la mort de leur père en 741, mettre fin à la dynastie mérovingienne. Un tel acte est aujourd'hui interprété comme une concession faite à ceux qui, dans les rangs de l'aristocratie, étaient favorables à la dynastie mérovingienne.

À l'époque, cet événement reste sans portée politique : en 744, le pape reconnaît Pépin comme « prince des Francs ». En 747, Carloman abdique de sa charge de maire du palais d'Austrasie et se retire dans un monastère du mont Cassin, laissant son frère Pépin seul maire du palais pour tout le royaume. Dès lors, Pépin entend être roi à la place de Childéric III. Il sollicite l'avis du pape, qui lui fait savoir qu'« il vaut mieux appeler roi celui qui possède le pouvoir plutôt que celui qui ne l'a pas ». Fort de cette réponse, Pépin dit le Bref dépose Childéric III. La dynastie mérovingienne a vécu.

22e Roi de France — CHILDÉRIC III — Regne de 742 à 752

LES CAROLINGIENS
de 751 à 840

De gauche à droite, Pépin III dit Pépin le Bref et son épouse Berthe, Charlemagne et son épouse Hildegarde, Louis Ier le Pieux et son épouse Judith.

PÉPIN III LE BREF

Né v. 715. Règne de 751 à 768

Pépin, dit le Bref à cause de sa petite taille, met fin à la dynastie mérovingienne et débute celle des Carolingiens. À la mort de son père, Charles Martel (741), il hérite de la charge de maire du palais de Neustrie et son frère Carloman de celle d'Austrasie, qu'il cède à son cadet pour devenir moine (747). Les derniers Mérovingiens avaient depuis longtemps laissé la réalité du pouvoir aux maires du palais : Pépin est le véritable maître du royaume des Francs. Alors, avec l'appui du pape Étienne II, il dépose Childéric III, dernier roi mérovingien, et se fait couronner à Soissons en 751. En 754, le pape, venu chercher secours contre les Lombards auprès de lui, renouvelle le sacre de Pépin en l'abbaye de Saint-Denis le 28 juillet. Il légitime ainsi l'avènement de la nouvelle dynastie et marque le début de la royauté de droit divin en France. Charles et Carloman, fils de Pépin, et Berthe, son épouse, sont également consacrés lors de cette cérémonie. En contrepartie, Pépin repousse le danger lombard en 754 puis en 756, et rétablit l'autorité du pape sur un territoire plus vaste. Il lutte contre les musulmans en Septimanie en 759 et s'impose en Aquitaine en 767. Dans son royaume, Pépin entreprend plusieurs réformes : la suppression de la fonction de maire du palais, la création d'une monnaie royale et d'un nouvel impôt, la dîme. Quand il meurt en 768, Pépin laisse deux fils. Son corps repose aujourd'hui à l'abbaye de Saint-Denis.

23e Roi de France — PEPIN le BREF — Régne de 752 à 768

CHARLEMAGNE

Né en 742/7. Règne de 768 à 814

Charles Ier fut le plus grand des rois carolingiens, par la taille (1,92 m) et par la longévité de son règne (quarante-trois ans). Il hérite d'une partie de la Neustrie, de l'Austrasie et de l'Aquitaine à la mort de son père Pépin en 768, puis du reste à la mort de son frère Carloman en 771. Au prix de trente années de guerres, Charles se taille un véritable empire, combattant sur tous les fronts, en Espagne contre les musulmans, en Italie contre les Lombards, en Germanie contre les Avars et surtout contre les Saxons. Pour consacrer toutes ses victoires, il réussit à se faire couronner empereur des Romains le 25 décembre 800 à Rome par le pape Léon III, et devient alors Charlemagne (Carolus Magnus, Charles le Grand). Excellent guerrier, Charlemagne est reconnu pour ses talents d'organisateur et de réformateur. Depuis Aix-la-Chapelle, sa nouvelle capitale, il renforce son pouvoir en déléguant à 350 comtes l'administration de l'empire ; chacun est placé sous le contrôle permanent de *missi dominici* (inspecteurs royaux), chargés de faire appliquer les capitulaires (lois) et respecter le pouvoir de l'empereur. Homme éclairé, Charlemagne s'intéresse aux arts et aux lettres, développe l'enseignement et les écoles dans les monastères de tout son empire, où il établit, avec le moine Alcuin, un véritable programme scolaire. Marié plusieurs fois et père de nombreux enfants, il ne laisse cependant pour lui succéder à sa mort en 814 qu'un seul fils, Louis, ce qui évitera le partage de son empire selon la coutume franque.

24e Roi de France — CHARLEMAGNE — Regne de 768 à 814

LOUIS IER LE PIEUX

Né en 778. Règne de 814 à 840

Louis est le seul survivant des fils de Charlemagne. À trente-six ans, il hérite de la totalité de l'Empire et se débarrasse immédiatement de ses rivaux potentiels, bâtards et neveux de son père. Grand croyant, ce qui lui vaut d'être surnommé le Pieux de son vivant, Louis est très attaché aux affaires religieuses : il réorganise les monastères, s'entoure de prélats à la cour et fait de son Empire un bastion chrétien. Son autre surnom plus tardif, le Débonnaire, a pourtant éclipsé le premier dans l'Histoire.
Préoccupé par sa succession, Louis partage son royaume en 817 entre ses trois fils, Lothaire, Pépin et Louis, mais il choisit Lothaire comme seul détenteur de la dignité impériale *(ordinatio imperii)*. Ce partage est remis en cause en 823 par la naissance de son fils Charles, issu de son remariage avec Judith de Bavière. Sous l'influence de sa nouvelle femme, Louis remanie sa succession aux dépens de Lothaire : une longue période de conflits et de luttes familiales commence alors. Les fils aînés se rebellent contre leur père et le destituent en 833. Louis est rétabli peu après sur son trône, mais les querelles ne cessent pas pour autant.
Louis Ier meurt en 840 sans avoir rien réglé. Son règne, troublé par les questions de succession et la lutte contre les ennemis du Nord, les Normands, voit le renforcement du pouvoir des évêques et des nobles. Il marque aussi l'indépendance des États pontificaux par rapport à l'Empire.

25e Roi de France — LOUIS Ier dit le DEBONNAIRE — Regne de 814 à 840

LES CAROLINGIENS
de 843 à 884

De gauche à droite, Charles II le Chauve et son épouse Ermentrude, Louis II le Bègue et son épouse Ansgarde (à moins qu'il ne s'agisse de sa concubine Adélaïde), Louis III et son frère Carloman.

CHARLES II LE CHAUVE

Né en 823. Règne de 843 à 877

Les luttes fratricides entre les fils de Louis Ier se terminent par la conclusion du traité de Verdun (843). L'Empire est divisé en trois, ce qui met un terme à son unité. Charles reçoit la Francie occidentale, futur royaume de France, et est sacré roi à Orléans en 848. Il devient ainsi le premier roi de France, même si les frontières ne sont pas tout à fait celles d'aujourd'hui. Louis hérite de la Francie orientale (Germanie), tandis que la Francie médiane, avec la dignité impériale, échoit à Lothaire, qui tente d'imposer son autorité à ses frères (Pépin, l'autre frère, est mort en 838).
Charles II, intelligent et cultivé, s'entoure d'une cour brillante. C'est sous son règne que la renaissance carolingienne atteint son apogée, avec le développement de bibliothèques, la multiplication de copies de manuscrits et la réalisation de la première Bible enluminée, dite « de Charles le Chauve ». Ce rayonnement culturel ne masque pas pour autant l'affaiblissement du pouvoir royal face à l'aristocratie et aux seigneurs, qui obtiennent que leur charge soit désormais héréditaire. Robert le Fort en est le représentant le plus célèbre : comte de Tours, il s'oppose d'abord au roi pour finalement être nommé *missus dominici* et le soutenir dans sa lutte contre les Bretons et les Normands. Deux ans avant sa mort en 877, Charles II est sacré empereur à Rome. Il a acquis son surnom de Chauve lors de la cérémonie, où il se serait fait raser le crâne en signe de soumission à l'Église.

26e Roi de France CHARLES II dit le Chauve Règne de 840 à 877

LOUIS II LE BÈGUE

Né en 846. Règne de 877 à 879

Affaibli par la maladie, Louis ne règne que deux années (877-879), et ce n'est pas son bégaiement qui lui permet de renforcer son autorité à l'intérieur du royaume. Ce fils de Charles II le Chauve a pourtant été couronné roi d'Aquitaine en 867. Mais aucun roi carolingien n'a jusqu'alors été autant contesté par les grands du royaume. Louis parvient toutefois à être sacré roi de Francie occidentale à Compiègne à la mort de son père, en 877. Le pape Jean VIII renouvelle la cérémonie l'année suivante à Troyes. À cette occasion, il lui propose la couronne italienne, que Louis refuse sous la pression des évêques francs.

Sur les frontières du royaume, Louis II doit faire également face aux invasions répétées et redoutables des Vikings au nord, mais aussi des Sarrasins sur le littoral méditerranéen. Louis II le Bègue meurt en 879, non sans avoir conclu un accord avec son cousin Louis III le Jeune, roi de Germanie (Francie orientale) et fils de Louis le Germanique, sur le partage de la Lotharingie. Il laisse deux fils, Louis III et Carloman.

27e Roi de France — LOUIS II dit le Begue — Règne de 877 à 879

LOUIS III

Né v. 863. Règne de 879 à 882

CARLOMAN

Né en 866. Règne de 879 à 884

À l'agonie, Louis II le Bègue rassemble ses dernières forces pour désigner son successeur à la tête de la Francie occidentale, un des trois royaumes issus du partage de l'empire de Louis le Pieux à Verdun (843). Ce sera son fils Louis. Le moribond espère ainsi éviter un partage du royaume entre Louis et son frère Carloman. En vain. Tous deux préfèrent un partage selon la coutume franque. Louis reçoit la Neustrie, Carloman l'Aquitaine et la Bourgogne. À l'automne 879, les frères sont sacrés à Reims par Anselme, archevêque de Sens.

En cette fin du IXe siècle, les invasions des Normands accablent le royaume. Louis III y met un terme en 881. Un an plus tard, Louis meurt, victime d'une chute de cheval. Les grands se réunissent à Quierzy et font de Carloman le roi unique de la Francie occidentale. Ce dernier reprend la lutte contre les Normands dans l'Aisne. Hincmar de Reims dédicace à ce roi cultivé son *De ordine palatii,* traité sur le gouvernement du palais, qui offre un tableau idéalisé de la cour. En 884, Carloman appose son sceau sur le dernier capitulaire (vaste recueil de lois) de l'époque carolingienne. Quelques mois plus tard, il meurt à son tour d'un accident de chasse.

28es Rois de France LOUIS III & CARLOMAN Regnant de 879 à 884

LES CAROLINGIENS
de 884 à 936

De gauche à droite, Charles III le Gros et son épouse Richarde, Eudes, Charles III le Simple et une de ses épouses, Edwige, Raoul et son épouse Emma.

CHARLES III LE GROS

Né en 839. Règne de 876 à 887

Charles est le troisième fils de Louis le Germanique, lui-même fils de Louis le Pieux. À la mort de son père en 879, il reçoit le royaume d'Alémanie, qui correspond peu ou prou à la Souabe actuelle.

Depuis Charlemagne, l'empereur carolingien est le protecteur du souverain pontife. Aussi, après la mort de Charles le Chauve, le pape Jean VIII cherche-t-il de l'aide contre les musulmans et les princes de Spolète qui menacent ses États. Il fait appel à Charles III, qui accepte de se rendre dans la péninsule. En 879, celui-ci occupe l'Italie du Nord, dont il devient roi. Début 881, il entre dans Rome pour être couronné empereur. Mais il ne déploie pas l'énergie attendue pour lutter contre les ennemis du pape. À la mort de son frère Louis le Jeune, il quitte l'Italie pour en recueillir l'héritage. En 882, Charles III est à la tête d'un vaste territoire incluant la Lotharingie, bande qui s'étend de la Hollande à l'Italie du Nord, la Francie orientale et l'Italie. Après la mort de son autre frère Carloman, les grands du royaume proposent la couronne à Charles... qui accepte. En 885, Charles le Gros règne à nouveau sur l'empire de Charlemagne. L'unité retrouvée ne dure pas. La conduite de Charles dans la lutte contre les Normands est critiquée. L'aristocratie franque lui reproche d'avoir préféré acheter leur départ plutôt que de les combattre. Déposé en 887 par les grands du royaume, Charles III se retire en Souabe, où il meurt un an plus tard.

29e Roi de France — CHARLES LE GROS — Regne de 884 à 888

EUDES

Né en 862. Règne de 888 à 898

Eudes est le fils du comte de Paris Robert le Fort, qui a combattu aux côtés de l'empereur Charles le Chauve contre les Normands. C'est donc le représentant de la puissante lignée des Robertiens, dont sont issus les Capétiens. Âgé de quatre ans à la mort de son père en 866, Eudes est confié à son oncle Hugues, abbé de Saint-Martin de Tours qui, au début des années 880, est au faîte de sa puissance, en tant que conseiller de Louis III et de Carloman. Les appuis dont bénéficie le jeune Eudes ne sont pas des moindres... En 886, l'empereur Charles le Gros lui remet les honneurs, charges que détenait son père. La même année, Eudes lutte contre les Normands.

Quand Charles le Gros est déposé en 887, Eudes l'emporte face au Carolingien Charles III le Simple, fils de Louis le Bègue âgé de neuf ans. Pourtant son élection ne fait pas l'unanimité : en 893, Charles III est sacré à Reims. La lutte entre les deux partis, Carolingiens et Robertiens, ne prend fin qu'en 897, lorsque Charles III succède à Eudes. Plus qu'un sursaut en faveur de la royauté carolingienne, il s'agit là d'une réaction de défiance des grands à l'encontre de la lignée d'Eudes. La défense de leurs prérogatives passe par la limitation du pouvoir royal, qu'il soit exercé par un Robertien ou par un Carolingien.

30ᵉ Roi de France EUDES Règne de 888 à 898

CHARLES III LE SIMPLE

Né en 879. Règne de 893 à 923

Fils de Louis II le Bègue, Charles n'a que cinq ans à la mort de son frère Carloman en 884. C'est donc Charles le Gros, fils de Louis le Germanique, qui prend le pouvoir en France. Mais, très vite jugé incompétent pour assumer cette tâche, il est déposé en 887 et remplacé par Eudes, fils du comte de Paris Robert le Fort. C'est pourquoi, quand Charles est sacré à Reims en 893, il doit partager le pouvoir avec Eudes jusqu'à la mort de ce dernier en 898.

Après 898, Charles règne seul, mais ce sont les ducs et les comtes qui possèdent la réalité du pouvoir. Et son seul fait de gloire est d'avoir négocié la paix avec les Normands : Rollon, chef des Normands, s'engage par le traité de Saint-Clair-sur-Epte (911) à devenir chrétien et à cesser toute activité de pillage. En échange, Charles lui cède une partie de la Neustrie, qui devient la Normandie. Pour sceller cette nouvelle alliance, il lui donne sa sœur Gisèle en mariage. Débarrassé de la menace normande, Charles se heurte encore aux ambitions du duc Robert, frère d'Eudes, qui se fait couronner roi à Reims en 922. Charles n'a alors d'autre choix que la guerre : Robert meurt au combat, mais Charles est fait prisonnier par son fils Hugues le Grand, père de Hugues Capet. Charles meurt en captivité en 929, et sa femme Edwige s'enfuit avec leur fils, le futur Louis IV, en Angleterre.

Roi de France
CHARLES III, DIT LE SIMPLE
Règne de 898 à 923

RAOUL

Né v. 890. Règne de 923 à 936

Raoul appartient à une puissante famille aristocratique. Son père, Richard le Justicier, comte d'Autun, rassemble sous son autorité les comtés bourguignons de Francie occidentale. Il se range du côté d'Eudes, le Robertien, contre Charles III le Simple, le Carolingien, dans la succession de Charles le Gros en échange des puissantes abbayes de Saint-Germain d'Auxerre et de Sainte-Colombe de Sens. En 923, Raoul est élu roi. Il succède à Robert, frère d'Eudes, après que son fils Hugues le Grand a décliné la couronne offerte par les grands de Neustrie. En devenant ainsi le chef des Robertiens, il conteste l'autorité de Charles III le Simple, représentant des Carolingiens.
Roi de Francie occidentale, Raoul doit faire face aux volontés centrifuges des principautés du Nord et de l'Est. Grâce au soutien d'Hugues, il parvient à conserver les cités de Reims et de Laon que lui dispute le comte Herbert II de Vermandois. En dépit d'une fidélité réelle envers Charles III le Simple, les principautés du Sud reconnaissent son autorité. En revanche, il est moins heureux à l'est, où la Lotharingie lui échappe pour passer définitivement dans l'orbite germanique. Malade, Raoul meurt à Auxerre en janvier 936.

32me. Roi de France
RAOUL
Régne de 923 à 935

LES CAROLINGIENS
de 936 à 987

De gauche à droite, Louis IV d'Outremer et son épouse Gerberge de Saxe, Lothaire III et son épouse Emma, Louis V et son épouse Adélaïde d'Anjou.

LOUIS IV D'OUTREMER

Né v. 921. Règne de 936 à 954

Fils du roi carolingien Charles le Simple, Louis grandit en Angleterre (d'où son surnom d'Outremer), à la cour de son grand-père le roi Édouard Ier. Sa mère, Edwige de Wessex, a en effet dû fuir la France quand son mari a été fait prisonnier par Hugues le Grand, chef des Robertiens. En France, le roi Raoul meurt en 936, et la couronne est immédiatement proposée au membre le plus puissant du parti robertien : Hugues le Grand, son beau-frère. Celui-ci la refuse et demande à Louis de revenir en France pour être couronné à Laon. Cette cérémonie sonne le retour des Carolingiens au pouvoir. Mais, si Louis est roi, il n'en a que le titre, car c'est Hugues qui continue à exercer le pouvoir.

Très vite, Louis IV se révèle un roi énergique et ambitieux. Louis et Hugues s'affrontent donc, s'appuyant l'un et l'autre sur les grands du royaume. En 940, l'attaque d'Otton le Grand, fondateur du Saint Empire romain germanique, contre la France met fin pour un temps à la rivalité entre les deux hommes, qui réussissent ensemble à repousser l'envahisseur. Au terme de la guerre, Louis et Hugues signent la paix, ce qui met fin à la querelle entre Robertiens et Carolingiens. Louis IV meurt accidentellement, d'une chute de cheval, à l'âge de trente-trois ans. Il est enterré à Saint-Remi de Reims. Son fils Lothaire, né de son mariage avec Gerberge de Saxe, n'a alors que treize ans.

Roi de France
LOUIS IV, DIT D'OUTRE-MER
Règne de 936 à 954

LOTHAIRE III

Né en 941. Règne de 954 à 986

Lothaire est associé à la royauté par son père Louis IV d'Outremer en 946. À la mort de ce dernier en 954, Lothaire, alors âgé de treize ans, hérite dans le nord-est du royaume d'un domaine royal centré sur Reims et Laon. Hugues le Grand, chef du parti des Robertiens, soutient son élection sur le trône de Francie occidentale. Le sacre a lieu en novembre 954 à Reims. En retour, Lothaire fait d'Hugues le duc des Francs, avec autorité sur la Bourgogne et l'Aquitaine.

Hugues mort, Lothaire est placé à partir de 956 sous l'influence de Brunon, archevêque de Cologne et frère de l'empereur Otton Ier, fondateur du Saint Empire romain germanique. La tutelle impériale ottonienne peut sembler défendre les intérêts de la royauté carolingienne. Mais l'ascension capétienne ne tarde pas à se mettre en branle. En 960, Lothaire investit Hugues Capet des honneurs de son père Hugues le Grand et du titre de duc des Francs. Les années 960 et 970 voient Lothaire se libérer peu à peu de la tutelle ottonienne. Pour mener à bien sa nouvelle politique, plus agressive à l'encontre du successeur d'Otton Ier, le roi a besoin du soutien du duc. À l'aide envahissante du premier succède celle du second. Au prix d'une politique quelque peu désordonnée dans l'est du royaume, Lothaire tente de retrouver un surcroît d'autonomie quand la mort l'emporte.

34me Roi de France
LOTHAIRE
Règne de 954 à 986

LOUIS V LE FAINÉANT

Né v. 966. Règne de 986 à 987

Louis V est le fils de Lothaire III. En 978, son père l'associe à la royauté pour couper court aux ambitions de son frère, Charles de Lorraine. Hugues Capet, descendant des Robertiens sans qui aucun roi carolingien n'est élu depuis Charles le Gros, approuve la décision de Lothaire. Le jeune Carolingien est sacré à Reims par l'archevêque Adalbéron. Lothaire supporte assez mal la tutelle humiliante d'Hugues Capet. Il envoie son fils Louis à Brioude, en Auvergne, pour y épouser Adélaïde, fille du comte d'Anjou. Le jour du mariage, les époux sont couronnés roi et reine d'Aquitaine. Lothaire espère ainsi que son fils pourra placer le sud du royaume sous l'influence carolingienne, ou tout au moins le tenir à distance des ambitions d'Hugues Capet. À la mort de Lothaire, son fils Louis le fait inhumer en grande pompe dans la basilique Saint-Remi de Reims. Les grands lui jurent alors fidélité, sans que ces serments rencontrent d'opposition. Les semaines qui suivent sont le théâtre de tensions croissantes entre Louis V et l'archevêque de Reims Adalbéron. Les deux partis s'affrontent en Lotharingie : au printemps 986, les habitants de Verdun, fidèles au Carolingien, refusent de laisser le neveu d'Adalbéron et nouvel évêque entrer dans la cité. Accusé de trahison par Louis V, Adalbéron se rapproche d'Hugues Capet. Quand Louis V meurt d'un accident de chasse, Hugues Capet sait pouvoir compter sur l'archevêque de Reims pour l'élection royale qui s'annonce.

35me Roi de France LOUIS V. DIT LE FAINÉANT Règne de 986 à 987

LES CAPÉTIENS
de 987 à 1060

De gauche à droite, Hugues Capet et son épouse Adélaïde, Robert II le Pieux et sa troisième épouse Constance d'Arles, Henri Ier et sa seconde épouse Anne de Kiev.

HUGUES CAPET

Né v. 940. Règne de 987 à 996

Hugues Capet est le fils d'Hugues le Grand mort en 956 et un descendant des Robertiens, une puissante famille qui a déjà donné quelques rois à la France. Il hérite des charges de son père en devenant duc des Francs ainsi que comte de Paris, de Senlis, de Dreux et d'Orléans.

Le 3 juillet 987, Hugues Capet est sacré roi à Noyon, en l'absence d'héritier carolingien de la couronne de France. Afin d'assurer sa légitimité, il associe à la royauté son fils Robert dès son élection. C'est le premier à imposer ainsi le principe dynastique et surtout la transmission du pouvoir au fils aîné pour éviter les querelles familiales nées du partage du royaume. Avec l'adoption de ce principe, la dynastie capétienne est née.

À cette époque, la France est morcelée en fiefs et Hugues Capet n'exerce pas de véritable autorité sur cette mosaïque de pouvoirs. Il administre ses propres terres, formant le domaine royal. Les seigneurs sont donc libres et autonomes dans leurs domaines. C'est ainsi qu'il peut en rallier quelques-uns pour vaincre Charles de Lorraine, prétendant carolingien au trône (991). Hugues Capet meurt le 24 octobre 996, probablement de la variole.

Roi de France
HUGUES CAPET
Règne de 987 à 996

ROBERT II LE PIEUX

Né v. 972. Règne de 996 à 1031

Associé au pouvoir par son père Hugues Capet, Robert II est couronné à Sainte-Croix d'Orléans le jour de Noël 987. C'est donc sans aucune contestation qu'il lui succède en 996. Robert est un homme cultivé, d'une grande piété et très versé dans la théologie, ce qui lui vaut le surnom de « Pieux ». Respecté par les gens d'Église, il est même réputé posséder un pouvoir thaumaturge (le toucher des écrouelles).

Toutefois, sa vie sentimentale l'oppose au pape, qui le menace d'anathème (998). Robert a en effet répudié sa première femme et épousé sa cousine Berthe de Bourgogne. En 1003, il se sépare de cette dernière pour épouser Constance d'Arles. Mais, cinq ans plus tard, il se rend à Rome avec Berthe pour demander au pape l'autorisation de reprendre la vie commune avec elle. Entre-temps, Constance lui a donné trois fils, Hugues, Henri et Robert, avec lesquels il ne s'entend pas. En dépit de ses affaires privées et familiales mouvementées, Robert agrandit son domaine royal (conquête de la Bourgogne en 1015) et boute l'empereur germanique hors de France grâce à des batailles victorieuses et à des jeux d'alliances.

Robert meurt en 1031. Hugues, l'aîné de ses fils, étant mort en 1025, c'est Henri, selon la règle de primogéniture établie par Hugues Capet, qui succède à son père.

37e Roi de France ROBERT dit le Pieux Règne de 996 à 1031

HENRI IER

Né en 1008. Règne de 1031 à 1060

Sacré en 1027 du vivant de son père roi Robert II, Henri devient roi malgré l'opposition de sa mère Constance d'Arles, qui lui préfère son plus jeune fils, Robert.
Roi à la mort de son père en 1031, Henri Ier est décrit par un de ses contemporains comme « vif d'esprit et actif de corps ». Certes, ce sont là de belles qualités pour un roi du XIe siècle… Le règne d'Henri correspond pourtant à une période d'étiage du pouvoir capétien. Seules les affaires matrimoniales lui permettent de frayer dans les hautes eaux de la scène internationale. Son projet de mariage avec la fille de l'empereur Conrad II abandonné, Henri Ier épouse en 1051 une princesse russe, Anne de Kiev, qui lui donne l'année suivante un fils, Philippe. De fait, l'essentiel de la politique se joue à l'échelle du royaume : le roi est en butte à des combats incessants contre les grands vassaux, le duc de Normandie, les comtes d'Anjou et de Blois-Champagne, plus puissants. Il ne faudrait pas associer le règne d'Henri à un déclin absolu de l'autorité royale. Les actes produits par la chancellerie témoignent de la volonté de l'entourage du roi de magnifier la fonction royale. Le sursaut capétien est en marche…

38e Roi de France
HENRI 1er
Règne de 1031 à 1060

LES CAPÉTIENS
de 1060 à 1180

De gauche à droite, Philippe Ier, pensif sur son trône, et sa première épouse Berthe de Hollande, Louis VI et son épouse Adélaïde de Maurienne, Louis VII et sa troisième épouse Adèle de Champagne.

PHILIPPE IER

Né v. 1052. Règne de 1060 à 1108

« Malheur à la ville dont le prince est un enfant ! » Nombreux sont ceux qui se rappellent ce verset de l'Ecclésiaste à l'annonce de la mort du roi Henri. Philippe, son fils et successeur, est âgé de sept ans. Pour la première fois, la dynastie capétienne doit faire face à une minorité. Tout prophète qu'il est, l'Ecclésiaste peut se tromper : le comte de Flandre exerce la régence au mieux des intérêts du roi et transmet les rênes du pouvoir à Philippe tout juste adoubé chevalier en 1066/7.

À cette époque, si le roi de France règne sur le royaume, il n'en possède, en tant que seigneur, qu'une modeste part : le domaine royal. Les autres terres appartiennent aux grands vassaux. À l'intérieur du domaine subsistent des enclaves où l'autorité du roi ne s'exerce pas directement. Une des priorités du règne sera d'unifier le domaine. Ce qu'entreprend Philippe à coups d'épée et de monnaie sonnante et trébuchante. Au-delà, la puissance grandissante du duc de Normandie, Guillaume le Conquérant, roi d'Angleterre depuis sa conquête en 1066, inquiète. La mort de ce dernier en 1087 lève pour un temps l'hypothèque de la menace normande. Les dernières années de Philippe sont assombries par ses démêlés avec l'Église. Il est condamné pour avoir répudié son épouse et s'être marié avec Bertrade, l'épouse du comte d'Anjou. Au-delà du conflit qui interdit au roi de compter parmi les chefs prestigieux de la première croisade, Philippe laisse à son héritier un outil de gouvernement modeste mais efficace, riche de promesses d'avenir.

39e Roi de
PHILIPPE Ier Règne

LOUIS VI LE GROS

Né v. 1080. Règne de 1108 à 1137

Fils aîné de Philippe Ier, Louis VI est associé au trône dès 1098. Il est donc bien préparé à l'exercice du pouvoir quand il succède à son père en 1108. De plus, il s'entoure d'habiles conseillers, tel l'abbé Suger. Soucieux de faire régner l'ordre, Louis VI soumet tous les petits vassaux et seigneurs révoltés, et il n'hésite pas à accaparer leurs terres pour les rattacher au domaine royal. Il pacifie les routes et développe le commerce (c'est l'époque des grandes foires marchandes). Il crée également l'institution des « communes », qui s'administrent elles-mêmes, pour contrecarrer les ambitions des grands vassaux.

Sur les frontières, Louis VI cherche à rattacher la Normandie à son domaine, mais il se heurte à Henri Ier, roi d'Angleterre et duc de Normandie, bientôt soutenu par l'empereur germanique Henri V, qui à son tour tente d'envahir la Champagne (1124). Face à l'ampleur de l'attaque, il fait appel à ses grands vassaux, lesquels, réunis sous l'oriflamme de saint Denis, intimident l'ennemi : c'est le premier exemple de cohésion nationale face à un adversaire extérieur.

Louis VI est considéré comme le premier grand roi capétien pour avoir redonné à la fonction royale tout son sens. Bon vivant aussi, il ne délaisse aucun plaisir. Surnommé « le Gros » pour son obésité due aux excès de la table, il meurt en 1137.

40e Roi de France

LOUIS VI dit le Gros

Règne de 1108 à 1137

LOUIS VII LE JEUNE

Né en 1120. Règne de 1137 à 1180

C'est la mort de son frère Philippe qui le contraint à devenir roi alors qu'il se destinait à une carrière monastique. Couronné en décembre 1137, Louis VII garde auprès de lui l'abbé Suger, fidèle conseiller de son père Louis VI. La même année, il épouse Aliénor : elle lui apporte en dot le duché d'Aquitaine, agrandissant ainsi considérablement son royaume.

Peu habile en politique, Louis VII s'oppose d'abord au pape Innocent II dans le choix de l'archevêque de Bourges (1141), puis guerroie contre le comte de Champagne, soutenu par le pape. En 1142, Louis VII, qui aurait mis le feu à l'église de Vitry, faisait périr 1 300 personnes. C'est pour expier ce crime qu'il décide de se lancer dans la deuxième croisade (1147), afin de délivrer Jérusalem. En 1152, Louis VII annule son mariage avec Aliénor, soupçonnée d'adultère et qui n'a pas réussi à lui donner de descendant. Il perd l'Aquitaine, qui revient à son plus puissant vassal et rival, Henri II Plantagenêt (futur roi d'Angleterre en 1154), remarié avec Aliénor. Commence alors une lutte séculaire entre Capétiens et Plantagenêts. De la nouvelle union de Louis VII avec Adèle de Champagne naît en 1165 un fils : Philippe. Le règne de Louis VII, certes émaillé d'erreurs politiques, conserve un bilan positif : soutien au mouvement d'émancipation des communes, enrichissement du royaume, construction de nombreuses églises et châteaux…

41e Roi de France
LOUIS VII le Jeune
Régne de 1137 à 1180

LES CAPÉTIENS
de 1180 à 1270

De gauche à droite, Philippe II Auguste et sa première épouse Isabelle de Hainaut, Louis VIII et son épouse Blanche de Castille, Louis IX, avec une tunique frappée d'une croix rouge, et son épouse Marguerite de Provence.

PHILIPPE II AUGUSTE

Né en 1165. Règne de 1180 à 1223

Couronné du vivant de son père, Philippe II est l'un des plus grands rois de France : quarante-trois ans de règne avec pour seule ambition d'agrandir le domaine royal, de l'embellir, de mieux l'administrer et de le protéger des ennemis venus de l'extérieur. Dès son intronisation, Philippe acquiert, par son mariage avec Isabelle de Hainaut, l'Artois puis, par traité (Boves, 1185), le Vermandois et l'Amiénois. Il tente aussi dès 1194 de récupérer les possessions anglaises en France.

À la mort de Richard Cœur de Lion en 1199, Jean sans Peur lui succède au trône d'Angleterre. Délesté de toutes ses possessions françaises par Philippe II, il réunit une coalition européenne pour lui faire barrage ; elle échoue à Bouvines en 1214. Philippe II boute les Anglais hors de France et assure ainsi son prestige auprès des cours européennes. Sur demande du pape, il mène aussi la croisade contre les albigeois, plus pour renforcer son autorité sur le territoire que pour lutter contre l'hérésie cathare.

Établi à Paris, Philippe II se soucie de l'administration de son royaume (nomination de baillis pour la collecte des impôts), de l'embellissement de sa capitale, de sa sécurité (construction d'une forteresse et d'une muraille autour de Paris) et de sa renommée (création du Louvre et de l'Université). Philippe II meurt en 1223, laissant à son successeur un pays agrandi et pacifié.

49e Roi de France — PHILIPPE II Auguste — Regne de 1180 à 1223

LOUIS VIII LE LION

Né en 1187. Règne de 1223 à 1226

Fils de Philippe Auguste, Louis VIII est marié à l'âge de treize ans à Blanche de Castille, fille du roi Alphonse VIII de Castille. En plus d'être une bonne épouse (elle lui donne douze enfants), celle-ci est douée d'un grand sens politique qu'elle n'hésitera pas à mettre au service de son mari tout le long de sa vie. En 1216, des barons anglais révoltés contre le roi d'Angleterre Jean sans Terre promettent à Louis sa couronne : venu sur l'île pour la recevoir, il est défait à Lincoln en mai 1217 par les partisans du fils du souverain anglais. Louis devra donc se satisfaire de la couronne de France qu'il reçoit en 1223. Déjà âgé de trente-six ans, il n'est pas pour autant un novice en politique. S'il n'a pas été associé au trône du vivant de son père (fait nouveau depuis l'instauration de la dynastie capétienne), il a tout de même participé aux affaires de l'État : il a secondé son père dans ses multiples batailles, notamment contre Jean sans Terre ; il y a d'ailleurs gagné son surnom de « Lion ». Au pouvoir, Louis VIII continue l'œuvre de son père : lutte contre les Anglais, croisade contre les cathares, extension du domaine royal avec le rattachement du Languedoc à la France... LouisVIII meurt de dysenterie à Paris le 8 novembre 1226. Son fils, qui doit lui succéder, n'est encore qu'un enfant. C'est donc Blanche de Castille qui assure la régence.

43e. Roi de France
LOUIS VIII .
Règne de 1223 à 1226

LOUIS IX (SAINT LOUIS)

Né en 1214. Règne de 1226 à 1270

Louis n'a que douze ans lorsque son père Louis VIII meurt en 1226. Sa mère Blanche de Castille assure alors la régence jusqu'à sa majorité. En même temps qu'elle gère les affaires courantes de l'État, elle contient la révolte des grands du royaume qui veulent profiter de la vacance du pouvoir (1234) et met fin à la croisade contre les albigeois (traité de Paris, 1229).

En 1234, Louis prend enfin les rênes du pouvoir ; il épouse Marguerite de Provence, avec qui il aura onze enfants. Épris de justice et de morale, il envoie des inspecteurs dans tout le royaume pour s'assurer que le respect des lois est assuré, crée des institutions pour les pauvres (hospice des Quinze-Vingt) et interdit les guerres privées sous le prétexte qu'elles affaiblissent les plus démunis... Sa politique a pour conséquence de renforcer le pouvoir royal et d'accroître sa légitimité de droit divin. Côté politique internationale, il remporte aussi des victoires contre ses ennemis, notamment les Anglais (traité de Paris, 1259).

Louis est un grand croyant. Il fait l'acquisition de saintes reliques de la Passion du Christ pour lesquelles il fait construire la Sainte-Chapelle à Paris. Sa foi le pousse à participer à la septième croisade (1248), au cours de laquelle il est fait prisonnier en Égypte puis relâché contre rançon. Reparti en 1270 suivre la huitième croisade, Louis meurt devant Tunis. Il est canonisé vingt-sept ans après sa mort, en 1297, sous le nom de saint Louis de France.

44e Roi de France
LOUIS IX Saint Louis
Regne de 1226 à 1270

LES CAPÉTIENS
de 1270 à 1316

De gauche à droite, Philippe III le Hardi et son épouse Isabelle d'Aragon, Philippe IV le Bel et son épouse Jeanne de Navarre, Louis X le Hutin et son épouse Clémence de Hongrie.

PHILIPPE III LE HARDI

Né en 1245. Règne de 1270 à 1285

Philippe est aux côtés de son père Louis IX lorsque celui-ci décède devant Tunis le 25 août 1270. Second fils du roi, il n'est l'héritier du trône que depuis la mort de son frère aîné en 1260. Malgré les *Enseignements* laissés par Louis IX au moment de partir pour la huitième croisade, Philippe n'a été qu'imparfaitement préparé au métier de roi, ce qui ne manquera pas de peser sur son règne. Il passe pour avoir un caractère faible et influençable. En témoignent les faveurs dont il comble son chambellan et favori Pierre de La Brosse, qui, victime d'un complot, est pendu en 1278 sans avoir pu présenter sa défense…

Philippe n'est pourtant pas un roi fantoche : il poursuit avec pugnacité ce qui a été entrepris par le gouvernement de son père. En 1271, la mort de son oncle sans héritier lui permet de rattacher l'immense Midi aquitain au domaine royal. La justice royale voit son essor confirmé : les sujets mécontents de la justice rendue par leur seigneur peuvent en appeler à la justice du roi.

La fin du règne de Philippe est marquée par de vives tensions entre le royaume de France et les royaumes de Castille et d'Aragon. La papauté s'en mêle, joue de l'excommunication et offre la couronne d'Aragon au fils cadet de Philippe, charge au roi de France de se croiser pour entrer en possession de ladite couronne. De retour d'Aragon où il s'était rendu avec son armée à l'appel du pape, Philippe meurt à Perpignan, victime d'une dysenterie.

45e Roi de France
PHILIPPE III le Hardi
Règne de 1270 à 1285

PHILIPPE IV LE BEL

Né en 1268. Règne de 1285 à 1314

« Ni un homme, ni une bête. C'est une statue » disait de Philippe IV un de ses adversaires, l'évêque Bernard Saisset. Au-delà de la personnalité complexe de ce roi, son règne imprime un nouveau style de gouvernement à la France, marqué par le développement d'une administration souple et efficace et par l'affirmation de l'indépendance du royaume à l'égard de la papauté. Les fameux « légistes », juristes spécialisés en droit romain, font leur entrée au conseil du roi ; le conseil, la chambre des comptes et le parlement s'individualisent pour répondre aux missions de gouvernement, de finance et de justice qui leur sont confiées. Or le Trésor royal peine à fournir le numéraire nécessaire au fonctionnement de cette nouvelle administration. Tous les moyens sont bons pour augmenter les revenus de la couronne : levées d'impôts, mutations monétaires et procès des Templiers, arrestation en 1307 des banquiers du roi jugés trop arrogants... À la fin du siècle, Philippe IV s'oppose au pape Boniface VIII, pour qui l'autorité pontificale est supérieure à celle des rois. La situation s'exacerbe pour culminer avec l'arrestation du pape en 1303 à Anagni par Guillaume de Nogaret, principal conseiller du roi. La dernière année de son règne est marquée par le scandale des brus du roi, accusées d'adultère. Au-delà des critiques portées à sa politique, Philippe IV laisse à ses trois fils un royaume puissant, le premier de la chrétienté, et une lignée auréolée du prestige de la sanctification de Louis IX (1297).

[illegible] Roi de France PHILIPPE IV dit le Bel Règne de 1285 a 1314

LOUIS X LE HUTIN

Né en 1289. Règne de 1314 à 1316

L'aîné des fils de Philippe le Bel et de Jeanne de Navarre hérite à la mort de sa mère en 1305 de la Navarre. Surnommé « le Hutin » ou « le Querelleur », Louis n'en demeure pas moins dans l'ombre d'un père qui garde la haute main sur les affaires du gouvernement. Roi en 1314, il est à la tête d'un royaume certes puissant, mais en proie à une profonde révolte baronniale. Les grands, en réaction contre les excès d'autoritarisme des dernières années du règne de Philippe le Bel, exigent des têtes. Ce sera celle d'Enguerrand de Marigny, accusé d'avoir puisé dans le Trésor royal et tenu pour responsable de l'échec de la dernière campagne de Flandres. Louis sacrifie donc le conseiller de son père à la vindicte populaire et à son oncle Charles de Valois, intéressé par les biens du condamné.
Louis entreprend de réconcilier les grands avec le trône en accordant des « chartes des libertés » qui promettent le retour aux bonnes coutumes du temps de saint Louis. Mais il n'a guère le temps de mesurer les effets de sa politique : mort en juin 1316, il aura régné moins de deux ans. Louis laisse une fille, Jeanne, à la légitimité suspecte car née de son premier mariage avec Marguerite de Bourgogne, condamnée pour adultère. Sa seconde épouse, Clémence de Hongrie, étant enceinte, la régence est confiée au frère du roi, Philippe, comte de Poitiers. La reine accouche d'un garçon, Jean Ier dit « le Posthume », qui meurt quelques jours après sa naissance. À Louis X succédera donc son frère cadet Philippe.

47e Roi de France
LOUIS X le Hutin
Règne de 1314 à 1316

DES CAPÉTIENS AUX VALOIS
de 1316 à 1350

De gauche à droite, Philippe V le Long et son épouse Jeanne de Bourgogne, Charles IV le Bel, en train de lire une charte royale, et sa troisième épouse Jeanne d'Évreux, Philippe VI de Valois et son épouse Jeanne de Bourgogne.

PHILIPPE V LE LONG

Né en 1291. Règne de 1316 à 1322

Le cadet des fils de Philippe le Bel et de Jeanne de Navarre est fait comte de Poitiers en 1311. Philippe épouse Jeanne de Bourgogne, compromise dans l'affaire des brus du roi, accusées d'adultère en 1314. Ayant reconnu que Jeanne est restée « innocente et pure », il accepte qu'elle reprenne place à ses côtés. À la mort de son frère Louis X le Hutin, il se proclame régent sans que cela soulève la moindre opposition. À la mort du petit Jean Ier, fils posthume de Louis X, c'est tout naturellement qu'il se fait reconnaître comme le plus proche héritier de la couronne par les grands du royaume. Ce qui le conduit à Reims pour le sacre en janvier 1317. Seul le parti bourguignon, garant des intérêts de la petite Jeanne fille de Louis X, trouve à y redire. Philippe réunit alors une assemblée de représentants du royaume qui déclare que « femme ne succède pas au trône ». Philippe V amplifie le mouvement de centralisation administrative lancé par son père et poursuivi par son frère. Il choisit notamment de convoquer régulièrement les états, ces assemblées réunissant les représentants des corps intermédiaires du royaume. C'est aussi pour le roi un moyen, par la concertation, de bénéficier d'un soutien renforçant la légitimité de sa politique sur des questions comme l'impôt, la guerre des Flandres ou l'homogénéisation des poids et mesures. Lorsqu'il meurt de dysenterie en janvier 1322, Philippe V laisse quatre filles. Pour la deuxième fois, un roi capétien disparaît sans héritier mâle direct.

48e Roi de France.
PHILIPPE V dit le long
Regne

CHARLES IV LE BEL

Né en 1294. Règne de 1322 à 1328

Le dernier des fils de Philippe le Bel et de Jeanne de Navarre est fait comte de la Marche en 1314. La même année, son épouse Blanche de Bourgogne est convaincue d'adultère. C'est l'affaire des brus du roi, scandale de la fin du règne de son père. Si Jeanne est innocentée par son mari, le futur Philippe V, il n'en va pas de même pour Blanche, dont le mariage avec Charles est annulé en 1322. Ce dernier épouse Marie de Luxembourg ; veuf, il se remarie en 1325 avec Jeanne d'Évreux. Lorsque son frère Philippe V meurt en 1322 sans héritier mâle, Charles lui succède sans difficulté. Son règne est marqué par de vives tensions avec l'Angleterre et les Flandres. Édouard II d'Angleterre refuse de prêter hommage au roi de France pour ses fiefs aquitains. Las d'attendre, Charles décide de confisquer la Guyenne et le Ponthieu. Pour débloquer la situation, Isabelle, épouse d'Édouard II et sœur de Charles IV, est dépêchée sur le continent pour négocier : les fiefs confisqués seront restitués au fils d'Édouard, qui prêtera hommage. La question des Flandres, déjà épineuse du temps de Philippe IV et de Louis X, revient sur le devant de la scène. Une violente révolte secoue la province entre 1323 et 1328. Charles IV réagit en obtenant du pape un interdit religieux et en établissant un blocus commercial, ce qui débouche sur un apaisement en demi-teinte. La mort du roi l'empêche de prendre la tête d'une intervention armée, et laisse une nouvelle fois le trône de France sans héritier mâle direct...

49e. Roi de France CHARLES IV dit le Bel Règne de 1322 a 1328

PHILIPPE VI DE VALOIS

Né en 1293. Règne de 1328 à 1350

1328 est une année faste pour Philippe, comte de Valois, fils du frère de Philippe IV le Bel et petit-fils du roi de France Philippe III le Hardi. Son cousin Charles IV meurt le 1er février ; le dernier des « rois maudits » laisse une veuve enceinte et une place de régent à prendre... Voilà donc Philippe régent de France en attendant la délivrance de Jeanne d'Évreux. Le 1er avril, la naissance d'une petite Blanche est annoncée. L'idée d'une succession féminine étant écartée, deux candidats sont en lice pour ceindre la couronne fleurdelisée : Philippe de Valois et Édouard III d'Angleterre, petit-fils de Philippe IV le Bel par sa mère Isabelle de France. Les grands du royaume choisissent Philippe : ils savent que, une fois au pouvoir, le Valois reconnaissant ménagera leurs intérêts... C'est le cas de Robert d'Artois, convaincu que le comté d'Artois doit lui revenir. Ayant produit de faux documents devant le roi pour plaider sa cause, Robert est banni. Il trouve refuge à la cour d'Édouard III, où il n'a de cesse d'exhorter le Plantagenêt à revendiquer la couronne de France. En 1337, Édouard se proclame roi de France. Philippe réagit en confisquant la Guyenne, terre pour laquelle Édouard est le vassal du roi de France. Ainsi commence une guerre qui va durer cent ans. Les dernières années du règne voient s'accumuler les mécontentements : extension du conflit sur plusieurs fronts, Flandres, Bretagne et Guyenne, défaite de Crécy (1346), Peste noire. Mais Jean, duc de Normandie et fils aîné du roi de France, est prêt à succéder à son père.

50 Roi de France
PHILIPPE VI de Valois
Règne de 1328 à 1350

LES VALOIS
de 1350 à 1422

De gauche à droite, Jean II le Bon et son épouse Jeanne d'Auvergne, Charles V le Sage, portant un manteau fleurdelisé, et son épouse Jeanne de Bourbon, Charles VI le Bien-Aimé, portant un chaperon, et son épouse Isabeau de Bavière.

JEAN II LE BON

Né en 1319. Règne de 1350 à 1364

À sa naissance, Jean, fils aîné de Philippe de Valois, n'est qu'un lointain cousin du Capétien Philippe V. Neuf ans plus tard, quand son père devient roi, Jean hérite de la couronne de France. Philippe VI, qui est monté sur le trône par un heureux hasard, décide de préparer son fils au métier de roi. En 1332, il émancipe et adoube Jean dans la prestigieuse Sainte-Chapelle construite par saint Louis pour abriter les reliques de la Passion du Christ. Jean, déjà duc de Normandie, reçoit la Touraine en apanage. Philippe appelle son fils au gouvernement tout en assurant sa formation militaire. À la tête de l'armée de Guyenne en 1346, celui-ci apparaît comme un solide chef de guerre.

Aussi est-ce un homme d'expérience qui reçoit la couronne en 1350. Ses premières années de règne n'en demeurent pas moins difficiles. Le conflit avec l'Angleterre se poursuit, entrecoupé de trêves et d'escarmouches. La politique du roi ne rencontre pas toujours l'assentiment des grands. L'ambitieux Charles le Mauvais, gendre de Jean II et roi de Navarre, s'allie au roi d'Angleterre Édouard III. La guerre de Cent Ans entre dans une nouvelle phase qui voit les deux armées s'affronter à Poitiers, où le roi Jean est fait prisonnier (1356). Suivent quatre années de captivité à Londres. Attaché à un idéal chevaleresque désuet, Jean II ne perçoit pas que la guerre est désormais une affaire de professionnels. Aussi apparaît-il comme un souverain un peu en marge des transformations de son époque.

51e Roi de France
JEAN II dit le Bon
Règne de 1350 à 1364

CHARLES V LE SAGE

Né en 1338. Règne de 1364 à 1380

Charles, fils aîné de Jean II, est le premier fils de France à porter le titre et les armes de dauphin du Viennois, seigneur du Dauphiné. La défaite de Poitiers (1356), qui voit le roi de France fait prisonnier par les Anglais, propulse Charles sur le devant de la scène politique. Le voilà lieutenant du roi, devant faire face à une crise politique et financière. Les états généraux et les bourgeois de Paris exigent des réformes pendant que les Jacques, ces paysans aisés, dévastent l'Île-de-France. À cela s'ajoutent les menées du roi de Navarre Charles le Mauvais. En vain, le dauphin reprend le contrôle de Paris et signe la paix de Brétigny avec Édouard III d'Angleterre en 1360. Le retour de son père l'éloigne pour un temps des affaires.

Enfin roi en 1364, Charles V fixe la ligne politique qui guidera ses seize années de règne : rétablir la souveraineté royale et reconquérir ce qui a été cédé à l'Angleterre en 1360. Animé d'une volonté tenace, épaulé par ses frères, Louis duc d'Anjou, Jean duc de Berry et Philippe duc de Bourgogne, Charles V saura exaucer cet ambitieux programme. Sous la houlette de Bertrand Du Guesclin, les armées royales réinvestissent la Normandie, où les Anglais ne conservent bientôt plus que Calais et Cherbourg, et la Guyenne, presque intégralement recouvrée à la mort du roi. Partisan de l'exaltation de la royauté sacrée, Charles V s'attache à renforcer la légitimité de la jeune dynastie des Valois. Il laisse à son successeur Charles VI un royaume solide. Du moins en apparence...

52e Roi de France
CHARLES V dit le Sage
Règne de 1364 à 1380

CHARLES VI LE BIEN-AIMÉ

Né en 1368. Règne de 1380 à 1422

À la mort de son père, Charles VI, âgé de douze ans, est un roi mineur. Aussi une régence se met-elle en place, exercée par les oncles du jeune roi, les trois ducs Louis d'Anjou, Jean de Berry et Philippe de Bourgogne. En 1388, à vingt ans, Charles VI s'estime en âge de gouverner. Il décide de remercier ses oncles et d'appeler d'anciens conseillers de son père, passés à la postérité sous le sobriquet de « marmousets ». Ces hommes partagent un programme politique commun qui passe par la réforme de l'administration, le service de l'État et l'exaltation de la puissance royale. En 1392, alors qu'il quitte Le Mans à la tête de l'armée royale, Charles VI est atteint d'un accès de démence. Il ne s'agit là que d'une première crise. Désormais, le royaume va vivre au rythme des crises de folie et des périodes de rémission que traverse alternativement le roi. Quand le roi est « absent », le duc d'Orléans, frère du roi, et son cousin le duc de Bourgogne cherchent par tous les moyens à contrôler le gouvernement. En 1407, l'assassinat de Louis d'Orléans par le duc de Bourgogne Jean sans Peur précipite le royaume dans la guerre civile, bientôt attisée par la reprise du conflit franco-anglais marqué par la défaite française d'Azincourt (1415).

En 1420, Henri V d'Angleterre impose le « honteux traité de Troyes », qui déshérite le dauphin Charles, futur Charles VII, et pose le principe d'une double monarchie : à la mort de Charles VI, son successeur sera Henri d'Angleterre, à la fois roi de France et roi d'Angleterre !

53e Roi de France
CHARLES VI
Regne de 1380 à 1422

LES VALOIS
de 1422 à 1515

De gauche à droite, Charles VII et son épouse Marie d'Anjou, Louis XI et son épouse Charlotte de Savoie, Charles VIII et son épouse Anne de Bretagne, Louis XII et sa troisième épouse Marie d'Angleterre.

CHARLES VII LE VICTORIEUX

Né en 1403. Règne de 1422 à 1461

Charles, duc de Touraine et troisième fils de Charles VI, devient dauphin à la mort de son frère Louis en 1417. Dans une France divisée en deux par la guerre civile, Charles est proche des Armagnacs, faction opposée aux Bourguignons. Aussi, quand le duc de Bourgogne Jean sans Peur entre dans Paris en 1418, Charles se replie-t-il sur Bourges. Le meurtre du duc de Bourgogne en 1419, longtemps perçu comme une faute de la part de Charles, a été commandité par le parti armagnac, qui craignait un rapprochement entre le dauphin et les Bourguignons. Il débouche sur le traité de Troyes (1420), qui déshérite Charles, le « soi-disant dauphin ». Suit une décennie où le destin de Charles « qui se dit roi de France » tient de la survie politique.
C'est dans ce contexte que surgit Jeanne d'Arc, convaincue de devoir bouter les Anglais hors de France et de faire couronner le « gentil dauphin ». Le sacre a lieu à Reims en 1429, sept ans après la mort de Charles VI. La reconquête du royaume sera surtout l'œuvre du roi et de ses capitaines. En 1451, la bataille de Formigny marque la fin de l'occupation anglaise dans le nord de la France ; deux ans plus tard, la bataille de Castillon sonne le glas de la présence anglaise en Guyenne.
Mais la guerre n'est pas la seule affaire du règne. Charles VII engage des réformes fiscales qui conduisent au prélèvement d'un impôt direct régulier. Attaché au renforcement des prérogatives royales, le roi parvient à imposer son autorité aux grands et à l'Église.

54e Roi de France — CHARLES VII — Règne de 1422 à 1461

LOUIS XI

Né en 1423. Règne de 1461 à 1483

Fils aîné de Charles VII, Louis est né aux heures les plus sombres du règne de son père, le « roi de Bourges ». Marqué par le spectacle de sa mère éclipsée par Agnès Sorel, la favorite du roi, et par celui d'une autorité royale en proie à l'influence des divers clans de la cour, le dauphin Louis n'a de cesse de s'opposer à la figure paternelle. En 1440, il soutient la Praguerie, révolte de grands seigneurs hostiles à la croissance d'une administration royale qui tend à empiéter sur leurs prérogatives. Relégué dans sa province du Dauphiné, Louis laisse aller son ambition jusqu'à en faire un quasi-État autonome. La riposte royale ne se fait guère attendre : menacé par les troupes de Charles VII, Louis se réfugie à la cour de Bourgogne en 1456.

L'accession au trône en 1461 marque la fin de l'exil, pas celle des difficultés. Louis XI doit faire face à un double défi. D'un côté, mater les grands féodaux qui refusent son autorité. De l'autre, réduire la puissance de son ambitieux cousin Charles le Téméraire, duc de Bourgogne. Les premiers étant soutenus par le second, Louis œuvre patiemment au déclin de la maison de Bourgogne. À coups d'alliances défaites et retournées, il parvient à isoler le Téméraire, qui trouve la mort lors d'une bataille malheureuse contre les Suisses. Louis XI est en première ligne pour le dépeçage de l'État bourguignon, même s'il doit laisser les régions flamandes aux Habsbourg. C'est une nouvelle menace qui pèse sur le royaume, alors le plus puissant d'Europe.

55e Roi de France
LOUIS XI.
Règne de 1461 à 1483

CHARLES VIII

Né en 1470. Règne de 1483 à 1498

Fils tardif et héritier attendu de Louis XI, Charles voit le jour à Amboise en 1470. Des rumeurs d'enlèvement circulent : il n'en faut pas plus au roi pour doubler la garde du château et imposer à son fils une existence coupée du monde. Âgé de treize ans à la mort de son père, Charles passe sous la tutelle de sa sœur Anne et de son époux Pierre de Beaujeu. Régents de fait à défaut d'en avoir le titre, les époux Beaujeu sont loin de rassembler tous les suffrages. Autour du duc d'Orléans, les grands font bloc : c'est la « guerre folle », qui dure quatre ans, jusqu'en 1488. Roi de plein exercice en 1491, Charles VIII décide d'entrer en guerre contre la Bretagne. Il s'agit pour le jeune roi de faire annuler le mariage de la duchesse Anne avec Maximilien et ainsi d'éviter l'encerclement du royaume par les Habsbourg. Cette expédition se conclut par son mariage avec Anne, et la Bretagne intègre définitivement l'aire d'influence française.

La menace Habsbourg écartée, Charles se consacre à la conquête du royaume de Naples, auquel il prétend en tant qu'héritier des droits de Charles V d'Anjou. Méticuleusement préparée, l'entreprise s'ouvre sur les meilleurs auspices : le roi entre dans Naples en février 1495 sans coup férir ou presque. La suite est moins joyeuse : les États italiens s'allient contre les Français. Le roi quitte la péninsule en laissant des garnisons. De retour en France en 1496, il apprend la reddition de ses troupes. Il meurt deux ans plus tard, laissant à ses successeurs la magie du « rêve italien ».

56e Roi de France
CHARLES VIII
Règne de 1483 à 1498.

LOUIS XII

Né en 1462. Règne de 1498 à 1515

Louis est le fils du duc Charles d'Orléans, le chevalier-poète fait prisonnier à Azincourt (1415), et de Marie de Clèves. Ses jeunes années se passent sous la férule de Louis XI. Le roi se méfie de la maison d'Orléans, qu'il estime toujours prête à tremper dans un complot contre le pouvoir. Tenu en lisière par le roi, Louis est contraint d'épouser sa fille Jeanne, infirme et stérile. Les soupçons de Louis XI n'étaient pas infondés : le duc d'Orléans est de toutes les coteries qui agitent le royaume durant la minorité de Charles VIII. Jeté en prison en 1491, il est relâché trois ans plus tard.

Lorsque Charles VIII meurt sans héritier direct en 1498, Louis XII monte sur le trône. Il négocie avec le pape l'annulation de son mariage afin de pouvoir épouser Anne de Bretagne et de conserver le duché dans le giron français. Fort de ses droits sur le Milanais (sa grand-mère était une Visconti), il reprend à son compte les prétentions de Charles VIII sur le royaume de Naples. En septembre 1499, le roi fait une entrée triomphale à Milan. Mais bien vite, à l'instar de son prédécesseur, Louis bute sur les réalités italiennes. Les alliances sont mouvantes et les principautés du Nord retrouvent leur propension naturelle à se coaliser contre l'envahisseur. Suivent des campagnes qui ne consolident qu'en apparence la présence française. En 1512, les Français quittent le Milanais. La politique intérieure de Louis XII révèle un administrateur moderne et talentueux. C'est là tout le paradoxe de ce roi qui oscille entre rêve de conquêtes et modernité.

57e Roi de France LOUIS XII Regne de 1498 à 1515

LES VALOIS
de 1515 à 1559

De gauche à droite, François Ier et son épouse Claude de France, Henri II et son épouse Catherine de Médicis.

FRANÇOIS IER

Né en 1494. Règne de 1515 à 1547

L'arrivée sur le trône de Louis XII en 1498 fait de François d'Angoulême, alors âgé de quatre ans, l'héritier présomptif de la couronne. Son éducation est l'objet de toutes les attentions. Louise de Savoie, sa mère, qui lui voue une admiration sans borne, imagine déjà son cher fils, son « César », roi de France. C'est chose faite le 1er janvier 1515. Une couronne pour étrennes, voilà un heureux présage sur le front du jeune François Ier. Les premières années du règne resplendissent du soleil de Marignan, victoire chèrement acquise en 1515 contre les Suisses qui défendaient le Milanais. Mais la roue de dame Fortune tourne. Année de la mort de l'empereur Maximilien Ier et de l'élection impériale, 1519 marque le pas. François Ier voit lui échapper la couronne impériale au bénéfice de Charles d'Autriche, élu empereur du Saint Empire romain germanique sous le nom de Charles Quint. Un champ de bataille, l'Italie ; un ennemi juré, Charles Quint : le cadre qui déterminera la suite du règne est tracé. Le rideau se lève en 1525 sur la bataille de Pavie, où François est fait prisonnier. Défaite tragique au soir de laquelle le roi écrit à sa mère un émouvant « Tout est perdu fors [sauf] l'honneur ». Il faut envisager une autre politique… Il est trop tôt pour la paix et le « mirage italien » guide toujours la politique extérieure. Le rideau tombe en 1544 sur la paix de Crépy, signée par des adversaires exsangues. Mais le roi-chevalier parfois obtus ne doit pas escamoter le prince de la Renaissance : à sa mort, François Ier est déjà célébré comme « le père des lettres et des arts ».

58e Roi de France FRANÇOIS Ier Règne de 1515 à 1547

HENRI II

Né en 1519. Règne de 1547 à 1559

Fils cadet de François Ier et de Claude de France, Henri n'est pas destiné au trône. Son enfance n'est pas heureuse. Il a cinq ans lorsqu'il perd sa mère. Deux ans plus tard, il accompagne le dauphin François à Madrid : les deux frères y sont envoyés comme otages contre la libération de leur père fait prisonnier à Pavie (1525) par Charles Quint, empereur germanique et roi d'Espagne. Henri ne revoit la France qu'en 1530. Dès lors, son destin semble suivre celui d'un fils de France tenu de servir les ambitions d'une couronne qu'il ne portera pas. En 1533, son mariage avec Catherine de Médicis, nièce du pape Clément VII, s'inscrit dans la politique italienne de son père. Tout change en 1536 avec la mort inopinée de son frère aîné. Il est désormais l'héritier du trône.

Roi en 1547, Henri II éloigne du conseil royal les hommes de son père et les remplace par des conseillers dévoués, parmi lesquels Anne de Montmorency et François de Guise. Pour autant, la politique du nouveau roi perpétue celle de François Ier. Le mot d'ordre reste la lutte contre le Habsbourg, Charles Quint et ses successeurs. La guerre épuise vite les belligérants. En 1559 est signée la paix du Cateau-Cambrésis : Henri II renonce à ses prétentions sur l'Italie et conserve Calais et les évêchés de Metz, Toul et Verdun. La guerre n'a toutefois pas empêché le roi de mener une véritable politique intérieure suivant deux axes : la centralisation monarchique et la répression de l'« hérésie » protestante. À sa mort, survenue au cours d'un tournoi, l'autorité royale paraît établie.

59e Roi de France
HENRI II
Règne de 1542 à 1559

LES VALOIS
de 1559 à 1574

De gauche à droite, François II et son épouse Marie Stuart, Charles IX et son épouse Élisabeth d'Autriche.

FRANÇOIS II

Né en 1444. Règne de 1559 à 1560

Fils aîné d'Henri II et de Catherine de Médicis, François tient son prénom de son parrain et grand-père, le roi François Ier. Le dauphin est un adolescent de constitution fragile dont la santé, l'âge venant, ne va pas en s'améliorant. Il n'empêche, François n'est pas un être débile, et son mariage avec Marie Stuart est célébré en 1558. La jeune reine d'Écosse, nièce de François et de Charles de Guise, va soutenir et amplifier l'influence grandissante à la cour du parti de ses oncles.

Âgé de quinze ans à la mort de son père, François II est, au regard des lois du royaume, majeur. Pourtant, sa santé ne lui permet pas un exercice plein et entier du pouvoir. Il apparaît bien vite aux yeux de tous que les Guises sont les maîtres du gouvernement. Cette captation quasi exclusive de la faveur royale agace les autres lignages, qui s'estiment indûment évincés. Le tout à un moment où les antagonismes religieux conduisent à la constitution de deux partis prêts à en venir aux armes. Les Guises se font les champions du catholicisme quand leurs opposants basculent vers la Réforme – s'ils ne l'ont pas déjà embrassée par inclination propre.

En mars 1560, les protestants marchent sur Amboise afin de soustraire le roi à la tutelle des Guises. Avertis, ces derniers répriment la conjuration dans le sang et déclarent illégales les assemblées de réformés. À sa mort, François II laisse un royaume au bord de la guerre civile.

60e Roi de France
FRANÇOIS II
Règne de 1559 à 1560

CHARLES IX

Né en 1550. Règne de 1560 à 1574

Charles IX est un roi mineur à la mort de son frère François II en 1560. Sa mère, Catherine de Médicis, exerce la régence. Elle s'efforce de maintenir la balance entre les différentes factions qui prétendent à l'exercice du pouvoir. Ce faisant, elle réduit considérablement la puissance des Guises au profit d'Antoine de Bourbon et de son frère Louis de Condé, chef du parti protestant.

En 1562, les troupes du catholique duc de Guise massacrent à Wassy des protestants rassemblés pour écouter un prêche. Cet événement tragique fait basculer la France dans la première guerre de Religion. Suivent seize années de violence exacerbée ponctuées de paix et d'édits dont les clauses évoluent au gré du rapport de force entre les deux camps. La reine mère n'en poursuit pas moins sa politique qui est de défendre la prérogative royale. Après un sacre célébré en grande pompe en 1561, elle organise sur plus de deux ans un tour de France royal (1564-1566). C'est l'occasion de montrer le roi à ses sujets et de renforcer les fidélités par un contact direct.

Mais la politique de tolérance religieuse souhaitée par la reine et le parti des Politiques, avec à sa tête le chancelier Michel de L'Hospital, fait long feu. En 1572, le jour de la Saint-Barthélemy, les protestants réunis à Paris pour célébrer le mariage de leur chef, Henri de Navarre, avec la sœur du roi, Marguerite de Valois, sont massacrés. Incapable de mettre un terme à la guerre civile, Charles IX meurt deux ans plus tard sans héritier.

61e Roi de France CHARLES IX Règne de 1560 à 1574

DES VALOIS AUX BOURBONS
de 1574 à 1610

De gauche à droite, Henri III, portant le collier et la croix de l'ordre du Saint-Esprit, et son épouse Louise de Vaudémont, princesse de Lorraine, Henri IV, portant la croix de l'ordre fondé par son prédécesseur, et sa seconde épouse Marie de Médicis.

HENRI III

Né en 1551. Règne de 1574 à 1589

Quatrième fils d'Henri II et de Catherine de Médicis, il est le dernier Valois. À quinze ans, Henri III siège au Conseil auprès de sa mère la régente. Nommé lieutenant général en 1567, il participe aux deuxième et troisième guerres de Religion et gagne les batailles de Jarnac et de Moncontour contre les réformés (1569). Rien cependant ne prouve qu'il ait participé au massacre de la Saint-Barthélemy en 1572. Roi de Pologne en 1573, Henri est sacré roi de France à la mort de son frère Charles IX. Il épouse peu après Louise de Lorraine, à laquelle il restera attaché en dépit de ses infidélités. Dans un contexte religieux et politique tendu, Henri III doit faire face à de nombreux opposants : les protestants, les catholiques et le parti des Malcontents, conduit par son jeune frère François d'Alençon et Henri de Navarre. Il joue la carte de l'apaisement en accordant la liberté de culte aux réformés et en réhabilitant les victimes de la Saint-Barthélemy (1576). Mais les catholiques, mécontents, se fédèrent en ligue et l'obligent à reprendre la guerre contre les protestants. Évidemment, ils s'opposent aux prétentions possibles au trône d'Henri de Navarre, protestant, vu qu'Henri III n'a aucune descendance et que son frère est mort. Henri III ne peut s'imposer : obligé un temps de céder devant Henri de Guise, chef de la Ligue et prétendant à sa succession, il s'allie à Henri de Navarre après avoir fait assassiner le premier. Il confirme ensuite Henri de Navarre comme son successeur, avant d'être à son tour assassiné par un moine fanatique le 2 août 1589.

HENRI III

HENRI IV

Né en 1553. Règne de 1589 à 1610

Fils d'Antoine de Bourbon, lointain descendant de saint Louis, et de Jeanne d'Albret, reine de Navarre, il est le premier Bourbon. Élevé dans la religion protestante, Henri devient premier prince du sang à la mort de son père en 1563. Sa place est alors à la cour, aux côtés du roi Charles IX et de ses frères Henri et François. La mort de son oncle Louis de Condé en 1569 fait d'Henri, alors âgé de seize ans, le chef du parti protestant. Épargné lors du massacre de la Saint-Barthélemy le 24 août 1572, il est contraint de se convertir au catholicisme et de résider à la cour. Il s'en évade en 1576 pour prendre la tête des Provinces unies du Midi, république protestante installée dans le royaume. L'annonce de la mort du frère d'Henri III en 1584 fait de lui l'héritier présomptif de la couronne. Il finit par se rapprocher du roi, son cousin le Valois, qui le reconnaît comme son successeur en 1589. Il lui faut pourtant conquérir son royaume à coups d'épée et de ralliements obtenus contre monnaie sonnante et trébuchante. Sacré à Reims le 27 février 1594, Henri de Bourbon entre dans Paris en mars. Mais Paris n'est pas la France, et quatre années sont nécessaires pour sortir de la guerre civile entre catholiques et protestants. En 1598, l'édit de Nantes rétablit la paix. Henri IV peut se consacrer à sa grande ambition : ancrer dans le temps la nouvelle dynastie des Bourbons. C'est chose faite en 1601 avec la naissance du dauphin, nommé Louis.

63e Roi de France — HENRI IV — Règne de 1589 à 1610

LES BOURBONS
de 1610 à 1715

De gauche à droite, Louis XIII, en armure rehaussée de dentelles, et son épouse Anne d'Autriche, Louis XIV et son épouse Marie-Thérèse.

LOUIS XIII LE JUSTE

Né en 1601. Règne de 1610 à 1643

À l'annonce de la naissance du dauphin Louis en 1601, le royaume laisse éclater sa joie. Pareil événement n'était pas arrivé depuis 1544 ! Les premières années de sa vie sont assez bien connues grâce au journal scrupuleusement tenu par son médecin Jean Héroard. Transparaît le caractère sensible et introverti du futur roi ; l'opiniâtre volonté dont il sait faire preuve annonce les « coups de majesté » à venir. Il est vrai que le dauphin montre déjà une conscience aiguë de la dignité royale et des prérogatives qui lui sont attachées.

En attendant, les premières années du règne sont difficiles. Nommée régente à la mort d'Henri IV (1610), Marie de Médicis exerce le pouvoir sans se soucier du jeune roi, favorisant outrageusement deux Italiens de sa suite, mari et femme, les Concini. Bientôt ceux-ci occupent, fort insolemment d'ailleurs, la première place au sein du gouvernement royal. Humilié, Louis XIII les fait assassiner en 1617. Sept ans plus tard sonne l'heure de Richelieu, qui entre au conseil du roi. Les deux hommes partagent le même projet : rabaisser l'orgueil des grands, mettre au pas le parti protestant, qui apparaît comme un État dans l'État, et ruiner la prépondérance espagnole. Si la question protestante est réglée en 1629, les complots ourdis par Gaston d'Orléans, frère du roi, scandent tout le règne. Et, en 1643, l'Espagne – avec ses redoutables fantassins, les *Tercios,* qui marchent sur Paris – est toujours menaçante.

64e Roi de France — LOUIS XIII — Regne de 1610 a 1643.

LOUIS XIV LE GRAND

Né en 1638. Règne de 1643 à 1715

En ce jour de septembre 1638, la providence donne enfin à Louis XIII et à Anne d'Autriche un héritier. Il s'appelle Louis Dieudonné et a pour parrain le cardinal Mazarin, qui le formera. Cinq ans plus tard, l'enfant-roi monte sur le trône. À l'enfance sacrifiée s'ajoute le traumatisme de la Fronde : dans la nuit du 5 au 6 janvier 1649, il quitte Paris aux mains des parlementaires révoltés. Puis ce sont les princes qui se soulèvent à leur tour. L'année 1653 voit le retour de l'ordre royal. Rarement minorité royale aura été aussi agitée.

Louis n'est pas près de l'oublier, qui s'emploie à porter très haut l'autorité royale et à rabaisser les grands. Versailles est pensé comme la scène où s'incarne la politique royale. « À nul autre pareil », c'est-à-dire supérieur à tous : la devise de Louis XIV est connue, ses conséquences aussi. De la guerre de Hollande (1672-1678) à celle de la Succession d'Espagne (1702-1714), les conflits pèsent sur le royaume. Ce n'est qu'à la fin du règne que la France est envahie, mais les armées ennemies (Angleterre, Hollande, etc.) sont arrêtées par le maréchal Villars à Denain en 1712. Le roi de guerre ne doit cependant éclipser ni le roi du « coup de majesté » de 1661 qui décide de gouverner seul, ni le souverain résigné des dernières années. Le premier, danseur d'opéra hors pair, défend *Le Tartuffe* de Molière contre les dévots ; le second affronte avec dignité l'Europe coalisée contre la France lors de la guerre de la Succession d'Espagne, et la mort de ses enfants et petits-enfants.

65e. Roi de France
LOUIS XIV
Règne de 1643 à 1715

LES BOURBONS
de 1715 à 1792

De gauche à droite, Louis XV et son épouse Marie Leszczynska, Louis XVI et son épouse Marie-Antoinette.

LOUIS XV LE BIEN-AIMÉ

Né en 1710. Règne de 1715 à 1774

Fils du duc de Bourgogne (petit-fils de Louis XIV) et de Marie-Adélaïde de Savoie, Louis ne doit qu'à sa nourrice d'échapper aux deuils en série qui assombrissent la fin du règne de Louis XIV : « Maman Ventadour » le tient à l'écart des médecins et de leurs saignées souvent mortifères. Une fois passée la Régence, habilement exercée par Philippe d'Orléans de 1715 à 1723, le règne de Louis XV se poursuit sous la houlette bienveillante du cardinal de Fleury, ancien précepteur du roi. À sa mort en 1743, Louis XV déclare gouverner désormais avec l'aide de son conseil. La victoire de Fontenoy obtenue sur les Anglais en 1745 marque l'apogée du règne : Louis est surnommé « le Bien-Aimé » par son peuple. Par la suite, l'image du roi soumise au tribunal de l'opinion publique va en se dégradant. Le rôle politique que la rumeur prête à ses favorites, Mme de Pompadour puis Mme Du Barry, suscite les plus vives critiques.

La grande affaire du règne reste la lutte entre le roi et les parlements. Opposé au « despotisme des juges », Louis finit par imposer une justice royale rénovée, plus rapide et gratuite pour tous. Cette « révolution royale » orchestrée par le chancelier Maupeou en 1771 est saluée par Voltaire. Comme le roi est alors en bonne santé, cette réforme de la monarchie s'opère sous les meilleurs augures... Mais bientôt Louis XV meurt, terrassé par la variole, sans avoir pu transmettre son testament politique au dauphin, ce qui pèsera lourdement sur l'avenir de la royauté.

66e. Roi de France
LOUIS XV
Règne de 1715 à 1774.

LOUIS XVI

Né en 1754. Règne de 1774 à 1792

Malchance ou maladresse ? Mauvais moment ou mauvais roi ? Louis XVI, qui monte sur le trône à vingt ans, est guillotiné le 21 janvier 1793. Époux de Marie-Antoinette, c'est un roi aux goûts simples mais érudit : il se passionne pour la géographie, la chasse et la serrurerie. Côté politique, il gouverne seul et, malgré de graves crises (famines, hausse des prix, etc.), il soutient les *insurgents* américains contre l'Angleterre (1778), ce qui vide totalement les caisses du royaume.

Impuissance des ministres des Finances, augmentation du déficit du Trésor... Louis XVI convoque les États généraux pour l'année 1789. Mais, influencé par la reine, il enchaîne les maladresses sans se rendre compte que la Révolution est enclenchée. Le tiers état, rejoint par une partie du clergé et de la noblesse, forme l'Assemblée nationale (serment du Jeu de paume, 20 juin), qui se déclare ensuite constituante (9 juillet). La Bastille est prise le 14 juillet.

La monarchie constitutionnelle instaurée en 1790, Louis XVI vit une situation intenable et tente de fuir Paris, mais il est arrêté avec sa famille à Varennes le 21 juin 1791. Au retour, Marie-Antoinette est soupçonnée de connivence avec l'empire d'Autriche et la Prusse, deux pays qui menacent les Français s'ils portent atteinte à la famille royale. Résultat : la colère du peuple grandit et les Tuileries sont prises d'assaut le 10 août 1792. Incarcéré avec femme et enfants au Temple, Louis XVI est jugé et condamné à la guillotine le 16 janvier 1793.

67e Roi de France
LOUIS XVI
Règne de 1774 à 1789

APRÈS LA RÉVOLUTION FRANÇAISE
de 1804 à 1870

L'ouverture des États généraux le 5 mai 1789 sonne le glas de l'Ancien Régime. Déjà la Révolution est en marche qui accumule temps forts et symboles, à commencer par la prise de la Bastille le 14 juillet 1789.

Une fois Napoléon (1769-1821) définitivement éloigné du trône, lui succèdent Louis XVIII (1755-1824), roi de France de 1814 à 1824, puis son frère Charles X (1757-1836), roi de France de 1824 à 1830. L'année 1830 voit l'avènement de Louis-Philippe (1773-1850), roi des Français de 1830 à 1848. Quatre ans plus tard, le prince-président Louis-Napoléon Bonaparte (1808-1873) devient Napoléon III, empereur des Français de 1852 à 1870.

NAPOLÉON IER

Né en 1769. Règne de 1804 à 1814 et 1815

Napoléon appartient à une famille noble de Corse, les Bonaparte. Comme l'île est française depuis 1768, le jeune homme est admis dans une école militaire sur le continent. À la veille de la Révolution, il est lieutenant dans l'artillerie, sans grandes perspectives de carrière. L'histoire qui brusquement s'accélère va changer son destin. Il se fait remarquer en 1793 par sa résistance aux Anglais lors du siège de Toulon. Le voilà entré dans la carrière et bientôt général de brigade. Suivent la campagne d'Italie (1796-1797) et l'expédition d'Égypte (1798-1799), qui le rendent très populaire. Pourtant, la gloire militaire ne suffit pas : Bonaparte entend gouverner le pays.

C'est chose faite au lendemain du coup d'État du 18 Brumaire. « La Révolution est finie », proclame-t-il, alors Premier consul et homme fort du nouveau régime. Mais son ambition est grande et réclame plus que le Code civil récemment promulgué. Le 18 mai 1804, l'Empire est proclamé, suivi du sacre du 2 décembre immortalisé par le peintre David.

L'Empire n'est pas la paix, et la soif de conquête de Napoléon Ier se double d'un exercice du pouvoir de plus en plus autoritaire. À l'instar d'Austerlitz (1805), les victoires militaires sonnent comme une fuite en avant qui s'achève le 18 juin 1815 dans la morne plaine de Waterloo. Les Cent-Jours auront été l'ultime sursaut d'une aventure qui appartient désormais à la légende. Les romantiques que la Restauration ennuie auront à cœur de l'écrire.

NAPOLÉON Ier.
73
1804 - 1814.

LOUIS XVIII

Né en 1755. Règne en 1814 et de 1815 à 1824

Frère cadet de Louis XVI, Louis, comte de Provence, quitte la France en 1791 sous la pression des événements révolutionnaires. Prince en exil, il parcourt l'Europe avant de s'établir en Angleterre en 1807. Là, au milieu de ses fidèles, il brigue le trône de France, dont il se considère comme l'héritier depuis la mort en 1795 de Louis XVII, fils du roi guillotiné. Quand la défaite chasse Napoléon en 1814 et lui apporte la couronne, la Charte qu'il octroie aux Français est datée de la dix-neuvième année de son règne. C'est dire si Louis XVIII a le sens de la continuité et de la dignité royales. Pourtant, en dix-neuf ans, la France a changé, ce que le Bourbon semble avoir compris. Mais les royalistes – parmi lesquels dominent les anciens émigrés qui, ayant fui la France de la Révolution, n'ont « rien appris, rien oublié » – n'ont pas cette lucidité. Aussi les opposants les plus déterminés à la politique conciliatrice du roi sont-ils ces royalistes ultras tournés en dérision par la caricature.
L'assassinat du duc de Berry, neveu de Louis XVIII et héritier des Bourbons, le 13 février 1820 galvanise les ultras. L'heure n'est plus aux mesures libérales, et le roi est contraint d'abandonner son favori Decazes pour confier le gouvernement au duc de Richelieu, plus conservateur. Quatre ans avant sa mort, Louis XVIII a en quelque sorte abdiqué. Le comte d'Artois, son frère, contrôle en sous-main le gouvernement, ce qui lui permet d'y placer dès 1821 un de ses proches, Joseph Villèle. La Restauration n'a jamais si bien porté son nom.

74 1ère RESTAURATION 1814

CHARLES X

Né en 1757. Règne de 1824 à 1830

Charles, comte d'Artois, est le plus jeune des deux frères de Louis XVI. Prince du sang royal, il mène une vie oisive à la cour quand survient la Révolution. Hostile aux réformes, il se réfugie en Allemagne puis en Angleterre, où il retrouve son frère, qui se fait déjà appeler Louis XVIII. Après les Cent-Jours, Charles, héritier de la couronne, joue un rôle important dans les affaires du royaume. Monsieur sape discrètement la politique de conciliation menée par son frère et joue les opposants avec une constance admirable pour un homme jugé mondain et frivole.

Ce n'est pas là le moindre des paradoxes de cet homme qui semble tout entier appartenir au XVIIIe siècle. Il justifie son hostilité de principe à la Charte de 1814 – qui met en place une monarchie constitutionnelle dotée d'organes représentatifs – par une croyance sincère au lien d'amour qui l'unit à ses sujets. Ainsi, point n'est besoin de chambres ni de parlement pour gouverner. Le sacre auquel Louis XVIII avait renoncé est célébré à Reims en 1825. À lui seul, il donne le ton du règne et illustre la politique réactionnaire du nouveau roi. La suite est à l'avenant, c'est-à-dire une succession de maladresses. La censure est rétablie en 1827. Martignac, qui a succédé à Villèle à la tête du gouvernement, est remplacé par Polignac, fidèle du roi et modèle achevé du royaliste ultra. Sa nomination est un quasi-appel à l'insurrection. Les jours du régime sont dès lors comptés… Renversé en juillet 1830, le dernier Bourbon à avoir régné sur la France meurt en exil.

CHARLES X (1825-1830). *Assassinat du duc de Berry par Louvel* (1827).

LOUIS-PHILIPPE

Né en 1773. Règne de 1830 à 1848

Duc d'Orléans à la mort de son père, Philippe Égalité, révolutionnaire qui a voté la mort de son cousin Louis XVI, Louis-Philippe connaît les chemins de l'émigration à partir de 1793. Avant de parcourir l'Europe et le continent américain, il a servi dans les armées révolutionnaires. Les victoires de Valmy et de Jemmapes auxquelles il a participé à l'automne 1792 lui seront utiles en 1830. Elles permettront de rallier à sa personne les suffrages de bien des libéraux. La Restauration tient de la traversée du désert tant le duc d'Orléans est tenu à l'écart des affaires. Ce qui ne l'empêche ni de reconstituer son immense fortune dispersée par la Révolution, ni de tisser des liens au sein de la bourgeoisie libérale.

Les journées de juillet 1830 permettent à Louis-Philippe de jouer sa partition : grâce à une révision de la Charte de 1814 instituant une monarchie constitutionnelle, il devient « roi des Français ». Les premières années du règne sont le temps des insurrections noyées dans le sang. L'ordre finit par régner et Louis-Philippe révèle sa vraie nature : un roi jaloux de son autorité qui entend gouverner. La France de la monarchie de Juillet n'est pas l'Angleterre parlementaire. Convaincus d'incarner la raison dans l'Histoire, le roi et Guizot, son principal ministre, restent sourds aux évolutions et attentes de la société française. Aussi sont-ils d'abord surpris puis débordés par les manifestations de février 1848. En moins de quinze jours, le régime est renversé et le roi s'exile en Angleterre.

77.
LOUIS-PHILIPPE Ier.
1830-1848.

NAPOLÉON III

Né en 1808. Règne de 1852 à 1870

Né en 1808, ce neveu de Napoléon Ier est le fils de Louis Bonaparte, éphémère roi de Hollande, et d'Hortense de Beauharnais, fille de l'impératrice Joséphine. À la chute de l'Empire, sa mère l'emmène en Suisse, d'où il filera sur Rome pour participer en 1830 à un complot de carbonari, membres d'une société secrète. Il conserve de cette expérience un goût certain pour le complot. Ainsi, en 1836 à Strasbourg puis en 1840 à Boulogne, il tente de soulever des régiments. Ce qui lui vaut de passer six ans au fort de Ham, où il écrit *L'Extinction du paupérisme*, ouvrage qui lui attire la sympathie de la gauche républicaine. La révolution de février 1848 lui ouvre les portes d'une carrière inespérée. Élu député, il se porte candidat à la présidence de la République en 1848. Avec succès. Ne pouvant briguer un second mandat, il organise un coup d'État qui débouche sur la proclamation de l'Empire un an plus tard, le 2 décembre 1852.

D'abord autoritaire, l'Empire se libéralise à partir des années 1860. Des réformes sont accomplies dans le domaine social. De la guerre de Crimée à l'expédition du Mexique, la politique extérieure reste la pierre d'achoppement du régime. C'est d'ailleurs sur elle que Napoléon III trébuche définitivement en 1870, cette fois-ci contre la Prusse. Le 2 septembre, la défaite de Sedan laisse une armée en déroute et un empereur aux mains de l'ennemi. Napoléon III trouve alors refuge en Angleterre, où il meurt trois ans plus tard.

78.
NAPOLÉON III.
1853 - 1870.

LISTE DES ROIS ET SOUVERAINS DE FRANCE

LES VALOIS

LES BOURBONS

APRÈS LA RÉVOLUTION FRANÇAISE

LES MÉROVINGIENS

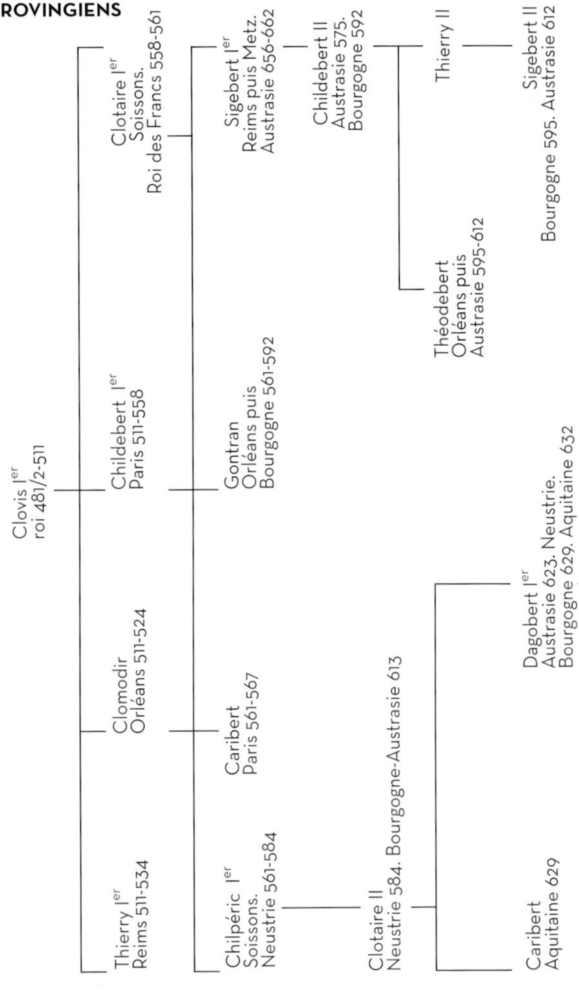

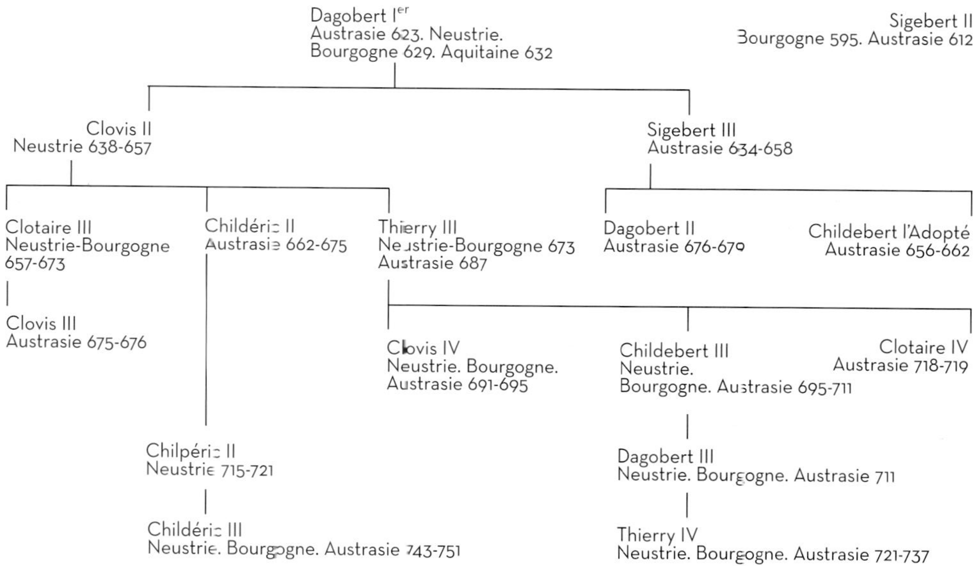
Dagobert Ier
Austrasie 623. Neustrie.
Bourgogne 629. Aquitaine 632
Sigebert II
Bourgogne 595. Austrasie 612
Clovis II
Neustrie 638-657
Sigebert III
Austrasie 634-658
Clotaire III
Neustrie-Bourgogne
657-673
Childéric II
Austrasie 662-675
Thierry III
Neustrie-Bourgogne 673
Austrasie 687
Dagobert II
Austrasie 676-679
Childebert l'Adopté
Austrasie 656-662
Clovis III
Austrasie 675-676
Clovis IV
Neustrie. Bourgogne.
Austrasie 691-695
Childebert III
Neustrie.
Bourgogne. Austrasie 695-711
Clotaire IV
Austrasie 718-719
Chilpéric II
Neustrie 715-721
Dagobert III
Neustrie. Bourgogne. Austrasie 711
Childéric III
Neustrie. Bourgogne. Austrasie 743-751
Thierry IV
Neustrie. Bourgogne. Austrasie 721-737

LES CAROLINGIENS

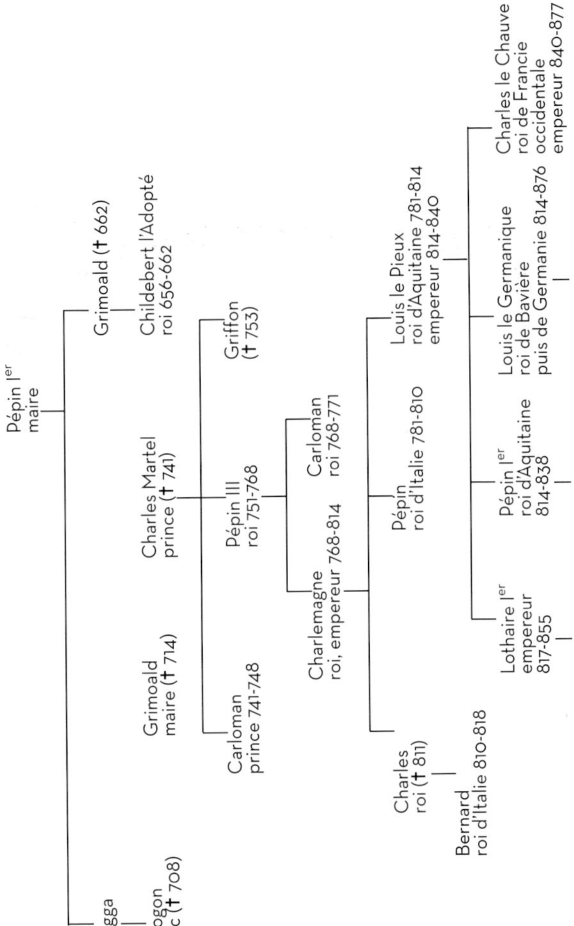

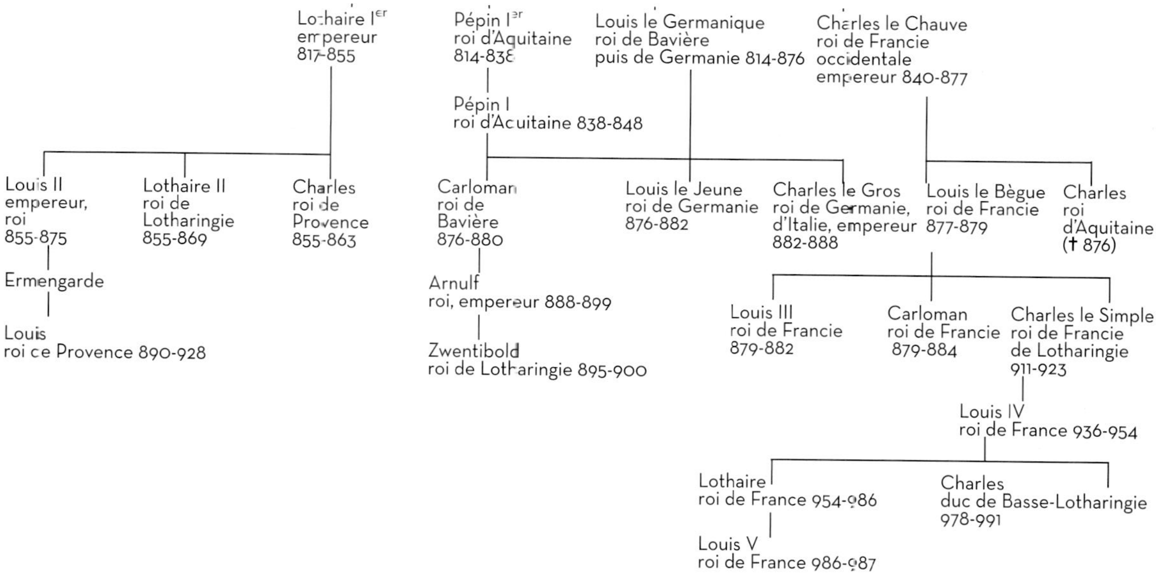
Lothaire Ier
empereur
817-855
Pépin Ier
roi d'Aquitaine
814-838
Louis le Germanique
roi de Bavière
puis de Germanie 814-876
Charles le Chauve
roi de Francie
occidentale
empereur 840-877
Pépin I
roi d'Acuitaine 838-848
Louis II
empereur,
roi
855-875
Lothaire II
roi de
Lotharingie
855-869
Charles
roi de
Provence
855-863
Carloman
roi de
Bavière
876-880
Louis le Jeune
roi de Germanie
876-882
Charles le Gros
roi de Germanie,
d'Italie, empereur
882-888
Louis le Bègue
roi de Francie
877-879
Charles
roi
d'Aquitaine
(† 876)
Ermengarde
Arnulf
roi, empereur 888-899
Louis
roi ce Provence 890-928
Zwentibold
roi de Lotharingie 895-900
Louis III
roi de Francie
879-882
Carloman
roi de Francie
879-884
Charles le Simple
roi de Francie
de Lotharingie
911-923
Louis IV
roi de France 936-954
Lothaire
roi de France 954-986
Charles
duc de Basse-Lotharingie
978-991
Louis V
roi de France 986-987

LES CAPÉTIENS

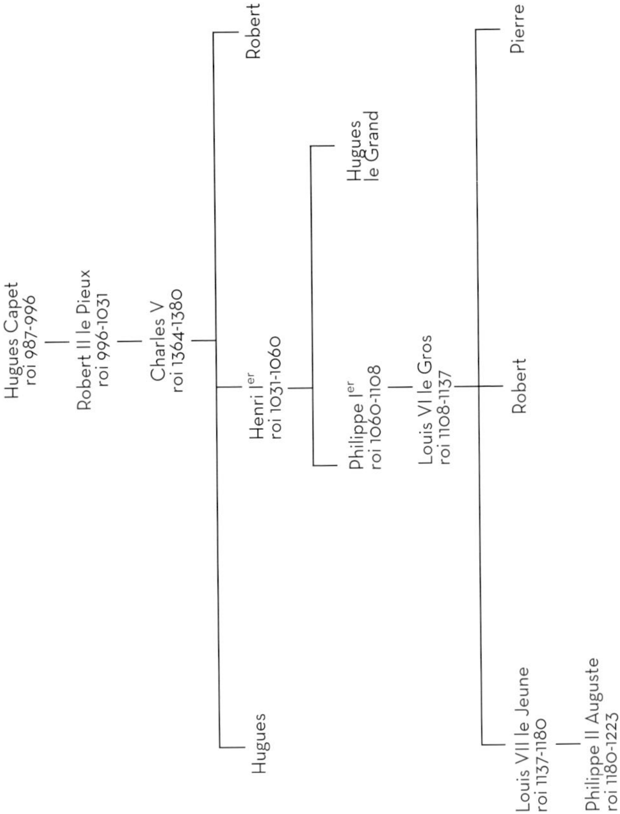

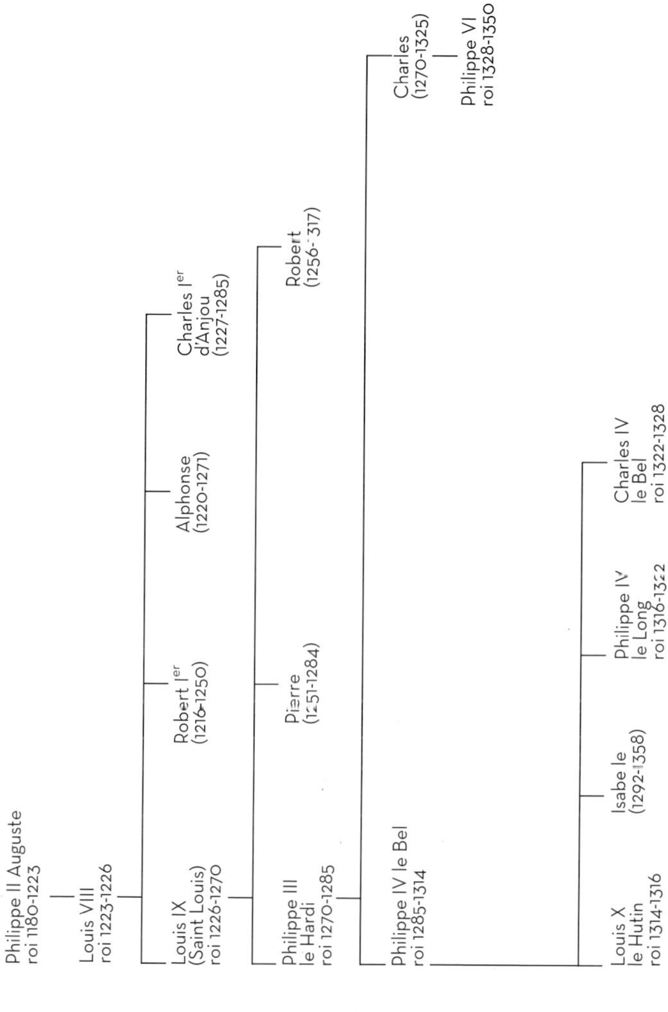
Philippe II Auguste
roi 1180-1223
Louis VIII
roi 1223-1226
Louis IX
(Saint Louis)
roi 1226-1270
Robert Ier
(1216-1250)
Alphonse
(1220-1271)
Charles Ier
d'Anjou
(1227-1285)
Philippe III
le Hardi
roi 1270-1285
Pierre
(1251-1284)
Robert
(1256-1317)
Philippe IV le Bel
roi 1285-1314
Charles
(1270-1325)
Philippe VI
roi 1328-1350
Louis X
le Hutin
roi 1314-1316
Isabelle
(1292-1358)
Philippe V
le Long
roi 1316-1322
Charles IV
le Bel
roi 1322-1328

LES VALOIS

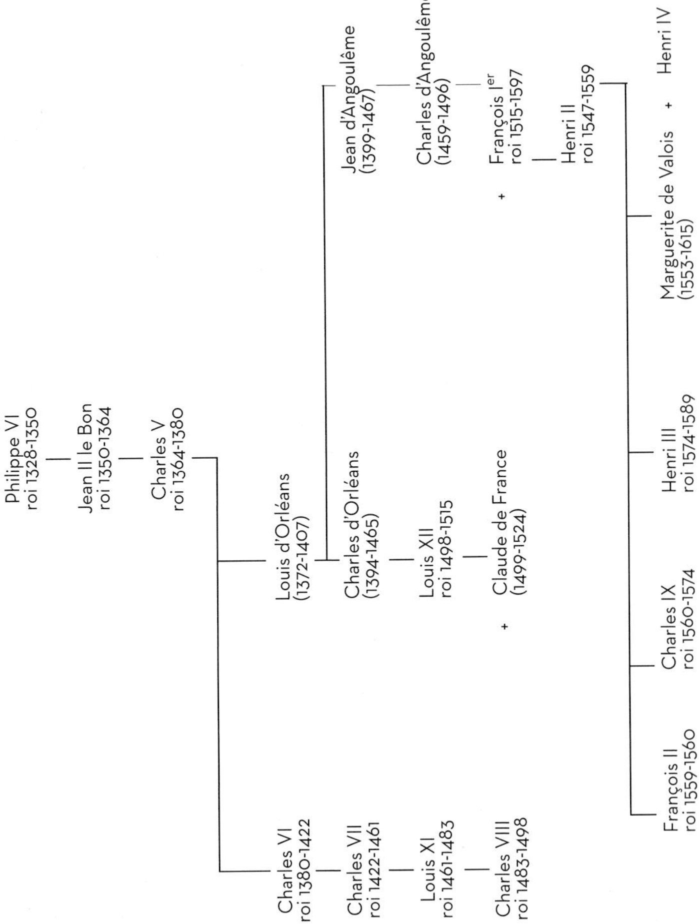

Philippe VI roi 1328-1350
Jean II le Bon roi 1350-1364
Charles V roi 1364-1380
Charles VI roi 1380-1422
Charles VII roi 1422-1461
Louis XI roi 1461-1483
Charles VIII roi 1483-1498
Louis d'Orléans (1372-1407)
Charles d'Orléans (1394-1465)
Louis XII roi 1498-1515
+
Claude de France (1499-1524)
Jean d'Angoulême (1399-1467)
Charles d'Angoulême (1459-1496)
François Ier roi 1515-1597
+
Henri II roi 1547-1559
François II roi 1559-1560
Charles IX roi 1560-1574
Henri III roi 1574-1589
Marguerite de Valois (1553-1615)
+
Henri IV

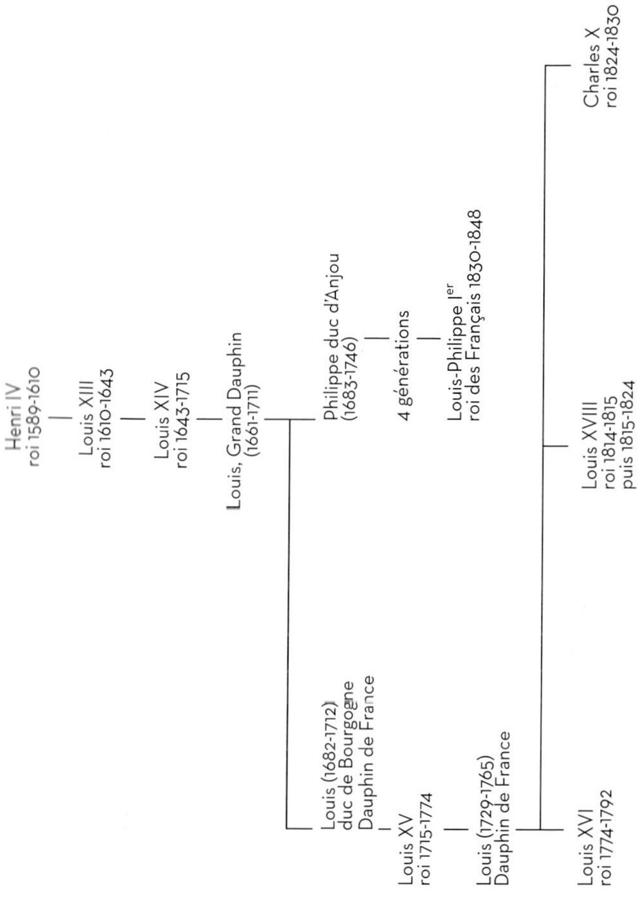
Henri IV
roi 1589-1610
Louis XIII
roi 1610-1643
Louis XIV
roi 1643-1715
Louis, Grand Dauphin
(1661-1711)
Philippe duc d'Anjou
(1683-1746)
4 générations
Louis-Philippe Ier
roi des Français 1830-1848
Louis (1682-1712)
duc de Bourgogne
Dauphin de France
Louis XV
roi 1715-1774
Louis (1729-1765)
Dauphin de France
Louis XVI
roi 1774-1792
Louis XVIII
roi 1814-1815
puis 1815-1824
Charles X
roi 1824-1830

Historien de formation, **Guillaume Picon** a collaboré à la rédaction de l'*ABCdaire des rois de France* (Flammarion, 2000) et dirigé le *Larousse des rois de France* (2008). Il est l'auteur des textes de cet ouvrage, sauf ceux des pages 20, 34, 36, 66, 68, 70, 74, 76, 86, 92, 100, 102, 110, 112, 116, 118, 120, 170 et 184.

Médiéviste de formation, **Katia Boudoyan** a enseigné à l'université Lyon II et Paris VIII. Elle est aujourd'hui conférencière et responsable d'une veille sur les questions moyen-orientales.

Responsable éditoriale : Nathalie Bailleux
avec la collaboration de Franck Friès
Suivi éditorial : Émilie Guerrier
Directrice artistique : Sabine Houplain
Lecture-correction : Catherine Lucchesi
Fabrication : Amandine Sevestre

Mise en page : CGI
Photogravure : APS Chromostyle

Édition du Club France Loisirs, Paris
avec l'autorisation des Éditions du Chêne - Hachette Livre

Éditions France Loisirs,
123, boulevard de Grenelle, Paris
www.franceloisirs.com

ISBN : 978-2-298-04116-3
N° éditeur : 64934
Dépôt légal : janvier 2011

Achevé d'imprimer en Italie par N.I.I.A.G., août 2011

LES BOURBONS

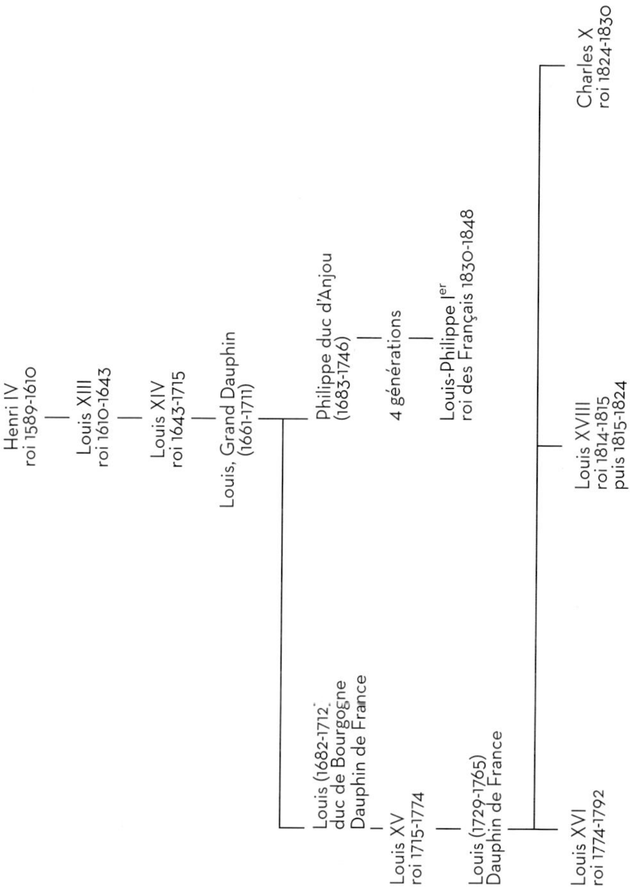

Historien de formation, **Guillaume Picon** a collaboré à la rédaction de l'*ABCdaire des rois de France* (Flammarion, 2000) et dirigé le *Larousse des rois de France* (2008). Il est l'auteur des textes de cet ouvrage, sauf ceux des pages 20, 34, 36, 66, 68, 70, 74, 76, 86, 92, 100, 102, 110, 112, 116, 118, 120, 170 et 184.

Médiéviste de formation, **Katia Boudoyan** a enseigné à l'université Lyon II et Paris VIII. Elle est aujourd'hui conférencière et responsable d'une veille sur les questions moyen-orientales.

Responsable éditoriale : Nathalie Bailleux
avec la collaboration de Franck Friès
Suivi éditorial : Émilie Guerrier
Directrice artistique : Sabine Houplain
Lecture-correction : Catherine Lucchesi
Fabrication : Amandine Sevestre

Mise en page : CGI
Photogravure : APS Chromostyle

Édition du Club France Loisirs, Paris
avec l'autorisation des Éditions du Chêne - Hachette Livre

Éditions France Loisirs,
123, boulevard de Grenelle, Paris
www.franceloisirs.com

ISBN : 978-2-298-04116-3
N° éditeur : 64934
Dépôt légal : janvier 2011

Achevé d'imprimer en Italie par N.I.I.A.G., août 2011